D1686875

SCHWEIZ LONDON

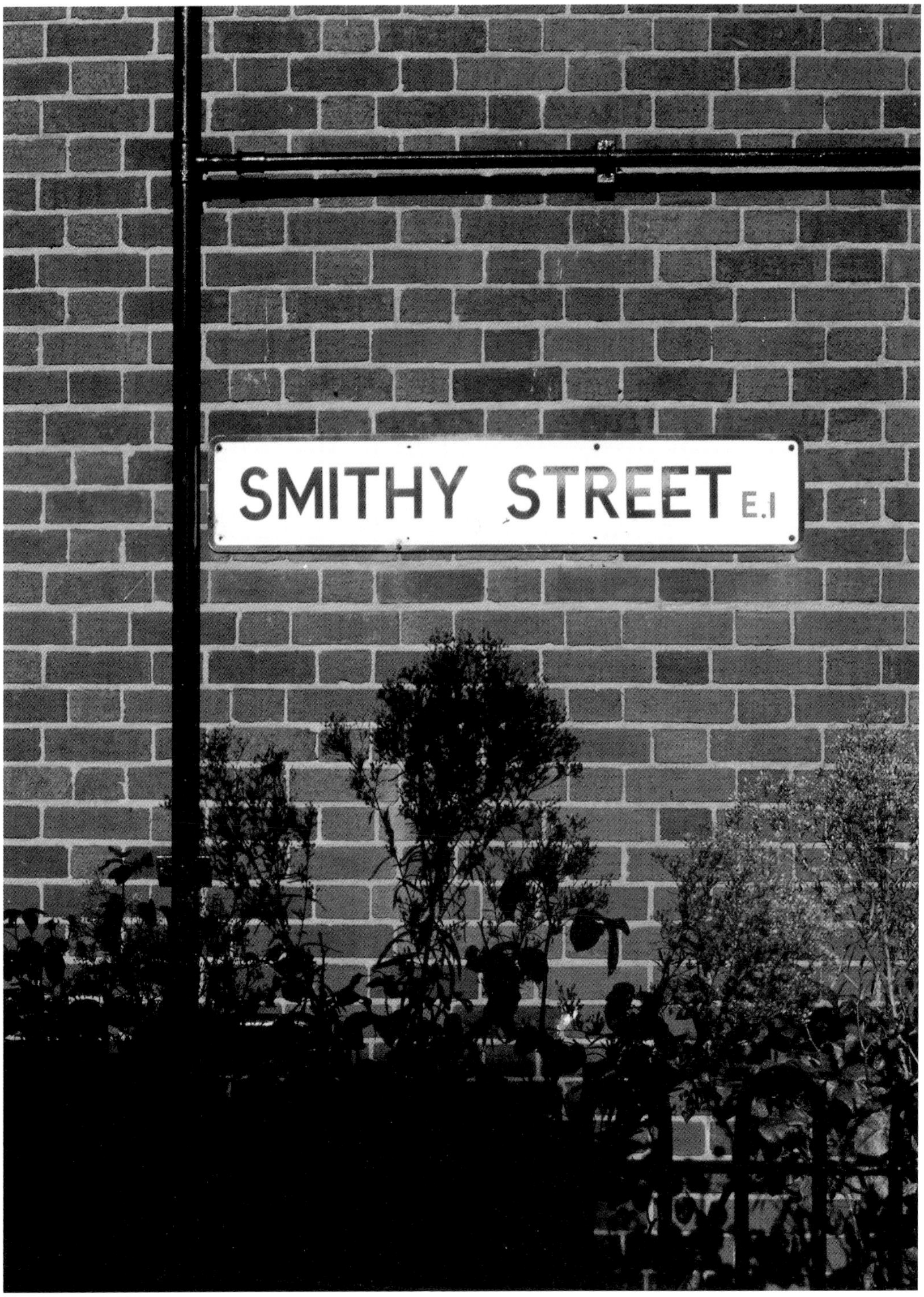
SMITHY STREET E.1

SCHWEIZ LONDON

Zuger Kulturstiftung Landis & Gyr

Das London-Stipendium
25 Jahre Kulturförderung

Herausgegeben von der
Zuger Kulturstiftung Landis & Gyr

Verlegt vom
Schweizerischen Institut für Kunstwissenschaft

Idee und Konzept
 Heinz A. Hertach

Redaktion
 Juerg Albrecht, Regina Bühlmann, SIK

Gestaltung, Layout, Satz
 Juerg Albrecht, SIK

Schrift
 Gill Sans, Gill Sans Light (Monotype)

Photographien
 Jean-Pierre Kuhn, SIK

Lithographien (Duplex)
 Neue Schwitter AG, Allschwil

Belichtung
 Reno Media SA, Chur/Disentis

Druck- und Vorsatzpapiere, Einband
 Hanno'Art top silk, 150 g/m², halbmatt; Phoenix-Impérial Elfenbein, 150 g/m², halbmatt; Lengarda; Viennagewebe

Druck
 Condrau SA, Chur/Disentis

Einband
 Buchbinderei Burkhardt AG, Mönchaltorf

Copyright 1996
 Zuger Kulturstiftung Landis & Gyr, Zug
 Schweizerisches Institut für Kunstwissenschaft (SIK), Zürich
 ISBN 3-908184-78-9

Fotonachweis

Jean-Pierre Kuhn, SIK

Robert Barnes, London: Seiten 177, 181
The British Library Board, London: Seite 135
Luis Campaña, Köln: Seite 113
Hans Danuser, Zürich: Seiten 32, 33
Mario Del Curto, Lignerolle: Seite 99
Toni Dusek, Urdorf: Seiten 39, 40, 41
Jinnie Fiennes: Seite 111
Thomas Flechtner, London: Seiten 51, 52, 53
Hugo Glendinning, London: Seite 137
Sandra Markus, Caviano: Seite 127
Felix von Muralt, Lookat Photos, Zürich: Seite 143
Walter Pfeiffer, Zürich: Seiten 104, 105
Daniel Spehr, Basel: Seite 85
Annelies Štrba, Richterswil/Melide: Seiten 124, 125
Luca Zanetti, Zürich/London: Seiten 144, 145
Emil Zopfi, Obstalden: Seiten 151, 153
Zuger Kulturstiftung Landis & Gyr, Zug: Seiten 183, 188, 189, 192

Text- und Bildrechte

Bei den Autorinnen und Autoren

Für den Textauszug von Christoph Geiser, Seiten 64–65: mit freundlicher Genehmigung des Verlags Nagel & Kimche, Zürich/Frauenfeld
Für den Textauszug von Lukas B. Suter, Seiten 128–129: mit freundlicher Genehmigung des Suhrkamp Verlags, Frankfurt am Main; Aufführungsrechte ebenfalls bei Suhrkamp

Inhalt

Zum Geleit   7
   Von Hugo Bütler

Schweizer in London   8
   Ein Vorwort von Peter von Matt

Porträts und Werke   13
   Eine Fotodokumentation von Jean-Pierre Kuhn
   mit Beiträgen der Stipendiatinnen und Stipendiaten

East End   155
   Ein Bericht von Heinz Stalder

1–5, Smithy Street   177
   Die Häuser und das Ateliergebäude in London

5, Smithy Street   181
   Inaugural Address (June 30, 1995) by David Panton, President ACME

25 Jahre Zuger Kulturstiftung Landis & Gyr   187
   Von Heinz A. Hertach

   Tätigkeit der Stiftung   188
   Gründung und Name, Zweck, Kapital   192
   Organe der Stiftung   193
   Ausgaben der Stiftung 1971/72 bis 1995/96   194
   Aufteilung der Ausgaben nach Bereichen   195

Zum Geleit

Von Hugo Bütler

Dieses Buch will darstellen, dokumentieren, danken und anregen. Es erscheint zum 25jährigen Bestehen der Zuger Kulturstiftung Landis & Gyr. Es vermittelt Einblick in das von der Stiftung errichtete und unterhaltene kleine Schweizer Kulturzentrum in London. Es dokumentiert das Schaffen der Künstler und Kritiker, die Werkjahre oder Werksemester in London verbracht haben. Und es gibt einen Überblick über die Geschichte und Organe der Zuger Kulturstiftung Landis & Gyr, über ihre Tätigkeit und Vergabungen im ersten Vierteljahrhundert ihres Bestehens. Der Band gibt damit indirekt Zeugnis von privatem Mäzenatentum, das uneigennützig Gelder für kulturelles Schaffen freimacht. Wer trotz aller staatlichen Wohlfahrtspolitik und Kulturveranstaltung Sinn hat für den Wert und die Bedeutung privater Initiative und Grosszügigkeit im kulturellen Leben, kann die folgenden Seiten auch lesen als Dank an die Stifterfamilien, als Dank an Persönlichkeiten, die heute wie gestern hinter der Idee der Stiftungsgründer stehen und das vielfältige Wirken der Stiftung mit Wohlwollen begleiten. Sie wollten anregen. Ihr Beispiel bleibt Anregung – für uns und andere.

Schweizer in London

Ein Vorwort von Peter von Matt

Schweizer Künstler in London? Gibt es da eine Tradition oder eher das auffällige Gegenteil? Unsere Maler reisten immer schon nach Paris, Florenz und München, unsere Schriftsteller nach Berlin und Rom, und seit den fünfziger Jahren zieht es alle zusammen nach New York. Keiner, der nicht nebenhin von seinem Lieblingsrestaurant in SoHo spräche, – aber Soho? Das schon weniger. London, so wollte es lange scheinen, wird von der Schweiz aus abgedeckt nicht durch Künstlerinnen und Künstler, sondern durch die Au-pairs. Das althergebrachte Welschlandjahr der jungen Schweizer Frauen verschob sich ja in der Nachkriegszeit rasch und nachhaltig in Richtung der britischen Metropole, und vielleicht war es dieser Anstrich von Haushalthilfe und Babyhandwerk, was unsere Schriftsteller und Maler das gewaltige London so auffällig meiden liess.

Als hätte es da nicht einst den Fall Johann Heinrich Füssli gegeben, den Fall des grössten Sturm-und-Drang-Malers im deutschsprachigen Kulturraum. Er war für seine Vaterstadt Zürich, man kann es nicht anders sagen, einige Nummern zu gross, war zu wild, zu unverstellt in seinen Visionen, zu tollkühn in den von nicht eben puritanischer Erotik durchflackerten Bildern. Mit 22 Jahren schon zog er nach London. Der Boden in Zürich war ihm nämlich auch aus politischen Gründen zu heiss geworden. Füssli hatte mit dem gleichaltrigen Lavater zusammen einen korrupten Politiker öffentlich attakkiert – »Tyrann, Bösewicht, Meineidiger!« – und war dafür, obwohl jener in der Folge gestürzt und verbannt wurde, von der Regierung selbst in die Mangel genommen worden. Die republikanisch entflammten Jünglinge hatten ihre Anklageschrift an alle einflussreichen Regierungsmänner verschickt. Das aber galt als ein »dem gebührenden Respect zu nahe getretenes Verfahren«, und also hätten sich die beiden »gegen Eine Gnädige Obrigkeit höchst sträflich vergangen«. Von da an malte Füssli lieber in London. Am englischen Hof machte er grosse Karriere. Und weil sein schweizerdeutscher Name der vornehmen Kundschaft nicht zuzumuten war, nannte er sich fortan Henry Fuseli.

Eine Tradition wurde daraus nicht. Es entstand keine Kulturbrücke von der Limmat zur Themse. Spree und Seine und Tiber blieben attraktiver. So grossartig das Phänomen Füssli in London erscheint, so isoliert nimmt es sich im Feld des kulturellen Austausches zwischen der Schweiz und den europäischen Metropolen aus. Dabei hatte es doch viel früher schon eine Begegnung gegeben, für die uns die Briten bis heute dankbar sind. Diesmal war der Ausgangspunkt nicht Zürich, sondern Basel. 1599 reiste der Arzt und spätere Professor für Anatomie an der Basler Universität Thomas Platter d.J., ein Sohn des berühmten Humanisten gleichen Namens, nach England und machte dabei als neugieriger und präziser Chronist seine Aufzeichnungen. In diesen findet sich der einzige überlieferte Augenzeugenbericht von einer zeitgenössischen Shakespeare-Aufführung. Platter besuchte am 21. September »die tragedy vom ersten keyser Julio Caesare« und liess sich zu diesem Zweck mit seiner Gesellschaft nachmittags gegen zwei Uhr über die Themse setzen zum damals brandneuen Globe Theatre mit dem strohgedeckten Dach, dem »streüwinen dachhaus«. Deshalb wissen wir heute, dass Shakespeares Stücke am frühen Nachmittag gespielt wurden. Sie mussten vor der Dämmerung enden, denn es gab kein künstliches Licht, und wenn in einer Szene Nacht sein sollte, erkannte man das nur daran, dass die Figuren mit Fackeln oder Kerzen in den Händen auftraten. Auch dass die Frauenrollen von Männern gespielt wurden, berichtet Platter, und dass die Kostüme sehr kostbar waren und dass man zu diesem Zweck die ausgemusterte Garderobe der Adligen von der Dienerschaft zu günstigen Preisen zu beziehen suchte. Aus Platters Aufzeichnungen können historisch unschätzbare Schlüsse gezogen werden auf die tägliche Arbeit, die der Theaterdirektor und Unternehmer William Shakespeare neben seinem Stückeschreiben zu leisten hatte. Dass Getränke und Esswaren auch während der Vorstellung laufend verkauft wurden, wissen wir ebenfalls von Felix Platter, und dass ein Stehplatz einen »Pfenning« kostete, ein Sitzplatz ohne Kissen zwei und mit Kissen drei, und dass es für jede dieser Kategorien im Theater einen eigenen Eingang gab.

Es muss allerdings gesagt werden, dass Platter sich an den Hahnenkämpfen und Bärenhetzen, die gleich neben Shakespeares Theater abgehalten wurden, noch einiges interessierter zeigt als an der Arbeit des Unsterblichen. Im London des späten 16. Jahrhunderts waren die Theater und die Bärenkämpfe tatsächlich so ziemlich gleichrangige Unterhaltungsstätten, und etliche Bühnen hatte man sogar so eingerichtet, dass sie ohne grössere Umstände auch für das andere Vergnügen umgerüstet werden konnten. Platter berichtet sehr genau, wie die Bärenhatz vor sich ging. Die Tiere wurden dabei nicht getötet. Man band sie an einen Pfahl, liess Doggen auf sie los und erfreute sich an der Geschicklichkeit, mit der sie diese abwehrten und fortschleuderten. Es gab stadtbekannte Bären, wie es stadtbekannte Schauspieler gab. Einen hebt Platter besonders hervor: »Dieser ander bär wahre gar groß unndt alt, konte mitt den tapen die hundt so artig weg schlagen, daß sie ihm nichts mochten angwinnen.«

Am verblüffendsten aber ist wohl der Abschnitt, in dem der reisende Schweizer Bilanz zieht über das ganze Londoner Showbusiness. Da gibt er als Grund für die Theaterbegeisterung der Einheimischen an, dass sie nicht gerne reisen und deshalb in den »comedien« erfahren wollen, wie es in andern Ländern zugeht. Eine heute ziemlich vergessene, aber vielleicht gar nicht so abwegige Funktionsbestimmung der Kunst: »Mitt solchen unndt viel anderen kurtzweilen mehr vertreiben die Engellender ihr zeit, erfaren in den comedien, waß sich in anderen landen zutraget, unndt gehendt ohne scheüchen mann unndt weibspersonen an gemelte ort, weil mehrteils Engellender nicht pflegen viel zereysen, sondern sich vergnügen, zehauß frembde sachen zeerfahren unndt ihr kurtzwil zenemmen.«

Wenn der Luzerner Heinz Stalder im Gefolge seines Londonjahrs zu einem hervorragenden literarischen Reporter über das heutige England geworden ist, so nimmt er damit also etwas auf, das knapp vierhundert Jahre früher ein ebenso scharfäugiger Basler Intellektueller begonnen hat. Und wenn Stalder uns beispielsweise die Geheimnisse des Crickets erklärt und warum das scheinbar monotone Spiel für die Engländer so faszinierend ist, steht das in schöner Parallele zu Platters Bericht über die seltsame und für einen Schweizer völlig neue Tatsache, dass die Engländer das »heidnisch wundkraut«, auch »tabac« genannt, in einem »rörlin« anzünden, ansaugen und wieder fortblasen: »ist so gemein bey ihnen, daß sie daß instrument yederzeit mit sich tragen unndt an allen orten, in den comedien, den wirtsheüseren oder sonst feür entschlagen...« Und mit dieser ersten Nachricht über das Rauchen kommt auch schon die obligate Warnung vor den Folgen: »unndt sagt man mir, man habe bey einem nach seinem todt befunden, daß alle seine aderen innwendig wie ein kemy mit ruß seyen überzogen gewesen.«

Im grossen Überblick über die Kulturgeschichte könnte man sagen, dass sich England bei der Schweiz für diese Reportage über die Arbeitswelt seines grössten Dichters gut zweihundert Jahre später bedankt hat mit William Turners hinreissenden Aquarellen. Nirgendwo sonst erscheinen unsere Städte und Landschaften, die Schluchten und die Schlösser so magisch leuchtend und in Farben schwimmend, ist die uns vertraute Welt so fatamorganisch verwandelt. Aber auch an diese Bilder, falls sie denn überhaupt bekannt waren, hat hierzulande niemand angeschlossen. In der Schweizer Malerei scheinen sie im 19. Jahrhundert keine Spuren hinterlassen zu haben.

Berührungen dann und wann, aber kein Stoffwechsel? Die erwähnten Beispiele können natürlich nicht ohne weiteres für das Ganze stehen. Da wäre denn doch manches andere auch noch zu erwähnen, und sei es nur der Tod von Sherlock Holmes am Reichenbachfall bei Meiringen oder Edward Whymper als erster Mensch auf dem Matterhorn oder die Bedeutung Englands für die heutigen Schweizer Fotografen oder die Shakespeare-Editionen der Schweizer Anglistik oder die legendären Dürrenmatt-Aufführungen in London oder Elias Canettis jahrelanges Pendeln zwischen Hampstead und Zürich/Römerhof...

Dennoch hat die Zuger Kulturstiftung Landis & Gyr mit der Schaffung der Londoner Wohnungen und Ateliers für Künstlerinnen und Künstler beinahe aller Sparten einen längst fälligen Durchbruch erzielt. Erstmals ist jetzt eine dauerhafte kulturelle Institution begründet, ist ein Brückenkopf in der englischen Metropole entstanden, der die schöpferische Begegnung herausragender Talente der Schweiz mit dem unerhörten kulturellen Potential der Stadt und Englands überhaupt ermöglicht. Dass seit der Gründung vor zehn Jahren dieser Brückenkopf schrittweise erweitert und ausgebaut werden konnte, beruhte nicht auf einem von allem Anfang an gefassten Plan, sondern war eine Antwort auf die begeisterte Zustimmung derjenigen, die hier lebten und arbeiteten, war nicht zuletzt eine Antwort auf die imponierende Produktivität, in die sich der Londoner Aufenthalt immer wieder umsetzte.

Das vorliegende Buch kann davon nur Spuren zeigen. Die Werke, auf die es weist, werden als blosse Andeutungen sichtbar. Kunst kann im Grunde überhaupt nicht abgebildet werden. Sie ereignet sich authentisch allein in der Begegnung mit dem Original. Alles andere ist Dokumentation, ist eine Spur eben, ausgelegt in Richtung auf das einmalige Werk. Sogar die Porträts, so eindrücklich sie sich ausnehmen, sind nicht mehr als Spuren. Wo mir das Schaffen dieser Autorin, jenes Bildhauers unbekannt ist, bleibt auch das Gesicht im wesentlichen verschlossen. Es mag mir sympathisch sein oder befremdlich, das sind spontane Reaktionen, die mit der Person nichts zu tun haben. Sie beruhen auf Erfahrungen, die ich mit andern Leuten gemacht habe und unreflektiert verallgemeinere. Aus dem Gesicht allein erschliesst sich das Wesen eines Menschen nie – was immer die Physiognomen darüber sagen und predigen. Erst mein Wissen über Leben und Arbeiten macht ein Gesicht zum Ereignis. Erst wenn dieses Wissen zusammenschiesst mit dem erscheinenden Antlitz, wird das Antlitz sprechend. Jetzt allerdings kann es durchaus sein, dass mir von dem Bild her auch das Schaffen zugänglicher wird, dass ich durch das Erlebnis des Gesichts auch das Werk eigentümlicher erfahre.

Genau in diesem Sinne wirkt sich die doppelte Spurenfolge, die in diesem Buch vorgelegt wird, auf den Betrachter aus. Beim blossen Durchblättern schon beginnt das Spiel von Wirkung und Gegenwirkung: dieses Gesicht und dieser Text... diese Zeichnung und diese Züge... Beides gewinnt eine eigentümliche Vertiefung. Vom Scharfsinn des Textes aus entdecke ich den beobachtenden Zug um die Augen der Autorin; die Empfindlichkeit der Strichführung macht mich aufmerksam auf die Sensibilität im Gesicht eines Künstlers, der sich maskenhaft ausdruckslos gibt. Und so wäre es also zuletzt doch wieder falsch, angesichts dieser Parade von Köpfen und Werkproben bloss von Spuren zu reden. Nur ist das Entscheidende daran vom Betrachter zu leisten – selbst wenn er es beim Blättern und Schauen gar nicht merkt.

Es mag an der Kunst des Fotografen liegen, dass sich alle diese Gesichter vor unseren Augen nie zu einer Gruppe vereinheitlichen. Sie bleiben Einzelne, wie sie sich denn auch durch das Leben in der riesigen Stadt, das Dahintreiben in der Menschenflut Londons, verstärkt als Vereinzelte erlebt haben mögen. Eine schöpferische Entwurzelung soll durch die Londoner Häuser ermöglicht werden, eine Entwurzelung, die auf das Eigene zurückwirft und es auf die Probe stellt. Und wenn dabei die Routine aus den gewohnten Gleisen kippt, wenn es zu Zweifeln kommt und Krisen sogar, dann bilden diese die Voraussetzung für ein neues Sehen und eine neue Sicherheit in der Arbeit.

Die Tätigkeit der Zuger Kulturstiftung basiert auf der Überzeugung, dass unser Land die Künste braucht, um über sich selbst genauere Auskunft zu gewinnen. Solche Auskunft kann sich in einer einzigen Fotografie ereignen, in einem Pinselstrich, einer Tonfolge, einer Prosapassage, ohne dass die Schweiz dabei irgendwie thematisch wird. Das vorliegende Buch ist ein Zeugnis für diese Überzeugung und vielleicht auch der Beweis, dass sie nicht unrealistisch ist.

WHITECHAPEL STATION
ATTRACTIVE OFFICES
860-5470 SQ. FT.
FREEHOLD OR TO LET
BRUCE DENBY
0171 - 267 6772
POUNDBUSTERS
THE STORE WHERE EVERYTHING COSTS £1

Porträts und Werke

Die Stipendiatinnen und Stipendiaten

Sabine Altorfer	1995–96	Jörg Niederberger	1992
Guido Bachmann	1995–96	Niklaus Oberholzer	1993–94
Peti Brunner	1995–96	Carmen Perrin	1993–94
Roland Dahinden	1990	Walter Pfeiffer	1995
Hans Danuser	1991	Fritz Schaub	1995–96
Markus Döbeli	1990	Christoph Schenker	1991–92
Toni Dusek	1992	Hansjörg Schertenleib	1992
Anton Egloff	1991	Heinz Stalder	1991–92
Philipp Engelmann	1994–95	Annelies Štrba	1996
Thomas Flechtner	1993	Lukas B. Suter	1989
Markus Gadient	1995	Ludmila Vachtova	1994–95
Hans Galler	1989	Max Wechsler	1993
Christoph Geiser	1990	Rolf Winnewisser	1987–88
Valentin Hauri	1994–95	Luca Zanetti	1994
Josef Herzog	1996	Maria Zgraggen	1991
Godi Hirschi	1988–89	Emil Zopfi	1996
Friederike Kretzen	1993–94		
Roman Kurzmeyer	1992–93		
Gaudenz Meili	1995		

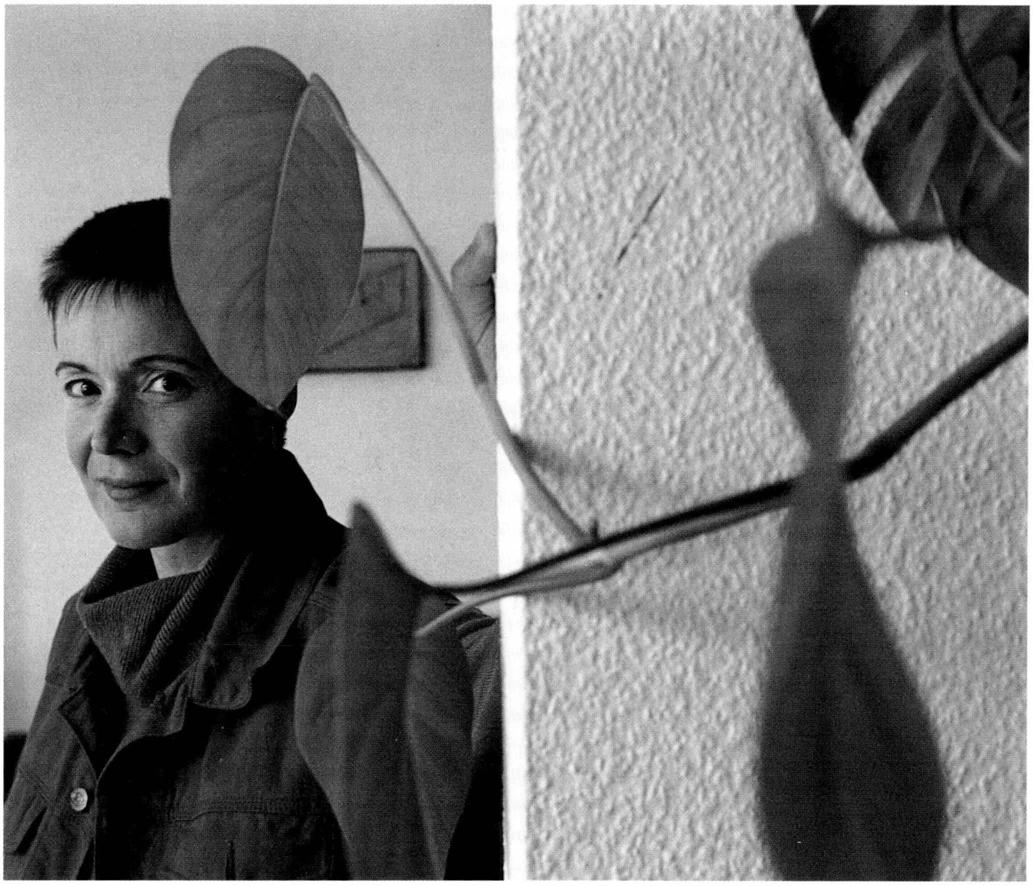

Sabine Altorfer

Lebensdaten

Geboren 1956 in Endingen/AG. 1983 Lizentiat in Germanistik, Kunstgeschichte und Publizistik an der Universität Zürich; bis 1984 Deutschlehrerin; seit 1984 freie Journalistin und Kunstkritikerin bei Radio DRS und diversen Zeitungen; seit 1993 Mitglied des Kuratoriums für die Förderung des kulturellen Lebens im Kanton Aargau; Mitglied AICA und SVJ. Lebt in Baden/AG.

Auszeichnungen

1995–96 London-Stipendium der Zuger Kulturstiftung Landis & Gyr.

Ausstellungen

1991 Mitorganisatorin der Skulpturenausstellung *Kulturweg Baden-Wettingen-Neuenhof* (Redaktorin des Kataloges).

Publikationen

Kunst in Baden. Die Werke im öffentlichen Raum, Baden: Baden-Verlag, 1995. Zahlreiche Veröffentlichungen in Katalogen zum zeitgenössischen schweizerischen Kunstschaffen.

» Vor es paar Täg hätts bi mir a de Huus-Türe klopfet, e Frau mit Formular isch dusse gstande. Öb ich well wähle und öb no ander Lüüt im Huus wohnet, hätt sie gfroget. Dass nöchschtens Parlamäntswahle sind, hani scho gwüsst, aber nöd, werum dass für da öpper mit Formular vor Türe chonnt. Ich ha dänn müesse underschribe, dass ich Usländerin bi und nöd dörf wähle. Sie müess vo Tür zu Tür, well all Lüüt sich müesset für d'Wahle ischriibe. D'Behörde wösset nämli nöd, wer wo wohnt, en Iiwohnerkontrolle gitts nöd. Ich hami amel au nöd müesse go amälde. Nomme am Zoll händs vo mir, als nöd EU-Bürgerin, ganz gnau welle wüsse, wan-ich eso lang z'London mach und vor allem, vo wa dass i läbi.

Überhaupt isch do Privatsphäre hinder de Huustüre heilig, es chömmt niemertem in Sinn, es Namensschildli a d'Huustüre oder an Briefchaschte z'chläbe. Wo d'Regierig emol e Mäldepflicht hätt welle ifüehre, hätts Protescht geh gege die Freiheitsberaubig. Im Momänt macht en andere Entscheid vom Government vil Lüüt verruckt: sit em erschte Oktober dörfet nomme no die metrische Masseinheite brucht werde. S'isch also fertig mit de Unze und Inches, und s'Gmües isch nömme per Pfund agschribe sondern per Kilo – halb so schlimm, hani dänkt, bis ich a der Umrächnigswoog im Supermärt gseh ha, dass es änglischs Pfund ebe nöd es halbs Kilo isch, sondern nomme 453 Gramm. D'Chligwerbler und d'Lädelibsitzerinne proteschtieret. Im Alltag lösets d'Lüüt aber eifach: i de Metzg hätt hött e Frau gseit sie well eso viel Gramm oder Liter oder Kilo Zmorgeschpäck, dass es es Pfund geb.

Aber a eim Ort händ d'Mass und Tradizion us em United Kingdom nöd usdient ... im Pub: do gilt für s'Bier – aber nome für s'Bier – witerhin »a Pint« als Mass aller Dinge ... wenigschtens bis is Johr 2000, seit s'Government. Eso wies i de Pubs tönt, vermuet ich aber, »a Pint« hebt länger.
(13. Oktober 1995)

Kultur-Subvänzione sind rar z'Ängland. Stüürgälder gitts nomme für wenig Inschtituzione: für d'National Gallery zum Biischpil, d'Royal Shakespeare Company und d'National Opera. Aber sogar i de grosse Zäntre, wie i de Royal Festival Hall oder im städtische Barbican Centre sind chum Konzert möglich ohni Schponsore. I de hunderte vo chlinere Theater, Kunschthalle und Konzertrüüm goht ohni Schponsoring scho gar nüt und ohni die extrem tüfe Löhn au nöd.

Trotzdem: es lauft kulturell unerhört viel, nomme de Muet für Experimänt fehlt hüfig, will mer jo mue Erfolg ha und viel Publikum. Aber es gitt immer wieder Verruckti, wo no öppis Neuis afanget. E Gruppe vo Shakespeare-Begeischterete bout am Südufer vo de Themse es authentischs Shakespeare-Theater: »The Globe«. De Peter McCurdy und sini Lüüt verzellet stolz vo irne Forschige über die alte Theater und wie sie die änglischi Eiche wie im Mittelalter ohni Nägel zämmebouet. Mit allem Drum-und-Dra choschtet de Globe öppe 40 Millione Pfund, das sind 75 Millione Franke. Mit Füerige, Wörkschops, Bättelakzione händ d'Iniziante bis jetzt Pfund um Pfund zämmetreit. Dass sie us de Lotterie, wo s'erscht mol Gäld verteilt, 12 Millione überchömmet, isch ihri Rettig. De Globe stoht jetzt im Rohbau, en wiiss verputzte, runde Rigelbou. Wie i de Renaissance gitts en undeckti rundi Arena mit de billige Stehplätz fürs Volk und balkonartigi Räng rundume – je höcher deschto tüürer und vornähmer. Da Sommertheater dörft en Attrakzion geh.

E sonen Kulturbetrieb für alli gitts nöd nomme im Globe. Ganz ähnlich ischs bi de Proms, bi de berühmte Promenade-Konzert i der Royal Albert Hall. Dört isch s'Parkett mit de beschte Plätz usgruumt für e Stehplatz-Arena. Für nomme 3 Pfund, aber öppe 2 Schtond Schlangestoh gitts Tickets für Konzert vo Wältrang. Nach de Proms hani dänn allerdings a mine Füess a verstande, werum d'Füehrerin im Globe-Theater vo de Lüüt i de Arena immer vom Fuessvolk gredt het.
(10. November 1995)

Tate Gallery und d'National Gallery sind wältberühmti Musee, für Turischte es »Must«. Für d'Änglänger scho au, aber Kultur heisst do zerscht emol Literatur und Theater. Ziitige händ grossi Büecherbiilage, und am Radio und Fernseh wird usgiebig über Literatur und Theater diskutiert. Molerei und Bildhauerei sind Näbetsache. Und trotzdem.

Wo-n-i i de St. Paul's Cathedral all die Grabdänkmöler vo de änglische Helde aglueget ha – vo de Admiräl, wo vom Neptun i Tüüfi grisse und vo wiisse Marmorängel in Himmel treit werdet – do isch mir i dere Marmor-Üppigkeit es schlichts Standbild ufgfalle: En Ma mit ere Molerpalette und Pinsel i de Händ. De Joseph Mallord William Turner. Er hätt afangs letschts Johrhundert wunderbari Landschafte gmolet, am berüehmtischte sind sini Sonnenundergäng, wiiss-orangsch-roti Himmel voll Liecht. Tate Gallery hätt en neue Abou, wo nomme Bilder vom Turner hanget, au sini Hischtoriebilder, zum Biischpil d'Seeschlachte.

S'beliebtischte Bild vom William Turner i de National Gallery isch *The Fighting Temeraire*, Darstellig vom Chriegs-Sägelschiff »Fighting Temeraire«, wo 1838 zum Abwracke gschleickt wird. E böses schwarzes Dampfschiff schleickt de wiiss schön Sägler im Sonneundergang themseufwärts i d'Werft. S'isch s'Ändi für Temeraire, wo i de Schlacht vo Trafalgar a der Siite vom Lord Nelson sinere »Victory« kämpft gha hätt, und s'isch s'Ändi vo de grosse, stolze Sägler-Epoche. De Turner hätt do de Nerv vo de Änglänger troffe – bis hött.

D'Usschtellig rund um da Bild isch en Publikumshit gsi, de Kommentar i de Tonbildschau derzue zemli pathetisch, und wo am Schluss no s'Lied vo de »Brave Old Temeraire« agschtimmt worde isch, hätt die Frau vor mir mitgsunge. En Blick vo ihrem Ma hätt si z'Schwiige brocht, aber beidi sind echli gräder anegsässe.
(17. November 1995)

Guido Blachmann

Guido Bachmann

Lebensdaten

Geboren 1940 in Luzern; Vater Verlagskaufmann. 1943 Umzug der Familie nach Bern; Vater bis 1951 Verleger beim Scherz-Verlag: Kreator der schwarz-roten Krimireihe; ab 1947 stadtbernische Schulen, Gymnasium, Musikstudium am Konservatorium Bern. 1966 Diplome und im selben Jahr Erscheinen des Erstlingsromans *Gilgamesch* im Limes Verlag, Wiesbaden; bis 1972 Musikunterricht. Umzug nach Basel; bis 1978 Musikrezensent der *Basler Nachrichten*. Seit 1979 Broterwerb als Schauspieler: zahlreiche Rollen beim Film und an Theatern im In- und Ausland. Lebt seit 1994 in Emmenbrücke/LU.

Auszeichnungen (Auswahl)

1971 Literaturpreis des Kantons Bern; drei Buchpreise der Stadt Bern; 1987 Gastpreis der Stadt Luzern; 1991 Literaturpreisträger der Stadt Basel; 1995–96 London-Stipendium der Zuger Kulturstiftung Landis & Gyr.

Publikationen (Auswahl)

Das Werk erscheint seit 1977 kontinuierlich im Lenos Verlag, Basel: *Gilgamesch*, Roman, 1977 [Erstausgabe: Wiesbaden: Limes, 1966]; *Die Parabel*, Roman, 1978; *Echnaton*, Roman, 1982; *Die Kriminalnovellen*, 1984; *selbander*, Ein Stück für zwei Personen, 1988; *Zeit und Ewigkeit*, Trilogie (*Gilgamesch*, *Die Parabel*, *Echnaton*), Sonderausgabe (1581 S.) 1989; *Dionysos*, Roman, 1990; *Die Wirklichkeitsmaschine*, Roman, 1994.

Diverse Hörspiele, Fernsehspiele, Theaterstücke und Essays.

Die Erzählung *lebenslänglich*, von August bis Oktober 1995 in London entstanden, erscheint im Herbst 1996.

» Ich stand, müsst ihr euch vorstellen, bevor ich mein Gedächtnis, das aus blauen Tüpfchen bestehen soll, verloren habe, auf dem nullten Grad noch bestehender Erdlänge an einem exakt bestimmten Ort von Raum und Zeit, was mir der Automat, den ultramarinfarbenen Zettel ausstossend, mit den Zahlen 09:48 48.13 05/08/95 und 00° 00' 00'' bestätigte, wonach ich über den rotverbrannten Rasen, diesigem Himmel und der seit Tagen herrschenden Hitze ausgesetzt, hinunter zum Fluss ging, um dann mit einem Lift, ich weiss nicht, dauerte es Stunden, in die Tiefe zu fahren.

So hatte ich das Zentrum von Raum und Zeit verlassen, und in der Tunnelröhre unter dem Fluss konnte ich kaum atmen, weil mich der Sauerstoffmangel würgte. Ich war in den Sog einer Menge geraten, die sich dem Ende des Tunnels näherte. Die Entgegenkommenden drängten sich an uns vorbei, so dass Wirbel und Stauungen entstanden; doch die Stille in stickiger Luft war bedrohlicher als Stimmengewirr. Die Stadtzeitung empfahl, dass alle Stimmberechtigten einmal im Leben zum Zentrum von Raum und Zeit pilgern sollten. Ich sah die Gier in den Gesichtern, endlich in den Besitz der Quittung zu gelangen. Der gekachelte Boden war glitschig, und von den abgerundeten Wänden troff Tiefenfeuchtigkeit. Die Dämmerung war von fettigem Gelb. An der Decke daumendicke Exemplare Chinesischer Hochzeitsblutwegschleckschnecken. Sie waren nun überall in der Stadt. Die Stadtzeitung pries sie als Volksnahrungsmittel und wies täglich auf den hohen Proteingehalt hin. Ursprünglich waren sie als kulinarischer Hochgenuss für die Honoratioren gezüchtet worden. Der Premierminister soll schon vor dem zweiten Frühstück zwei Dutzend verschlungen haben; aber inzwischen waren sie abscheulich bitter und ungeniessbar geworden. Ein Unwetter hatte die Eier aus der Zucht geschwemmt und, was die Stadtzeitung verschwieg, in die Kanalisation gespült, wo sie sich in ungeheuerlichem Ausmass vermehrten. Eigentlich waren sie überall und hielten sich besonders gern in Klosettsyphons auf, um von dort aus an der Innenseite der Schüssel hochzukriechen. So gelangten sie etwa in den Darm oder schlüpften in menstruierende Mädchen. Sie saugten sich fest, legten Eier und lösten sich erst allmählich auf.

Schluckte der Lift Leute, stockte der Fluss, und die Leiber wurden aneinandergepresst. So entstand dumpfes Treten an Ort; ein unentwegtes Gehen ohne Vorwärtskommen dieser Masse, in der selbst Erstickte nicht umfielen, sondern noch als Tote, aufgerichtet zwar, zwischen Halbtoten eingekeilt, mitgerissen wurden. Beim Lift, vor dem sich ein breiter Schacht auftat, der nur von Kräftigen überhüpft werden konnte, fielen die Schwachen und Toten in den Feuerschlund, der kraft thermonuklearer Technik so heiss gehalten wurde, dass die Körper sofort verglühten.

Draussen wieder an der Dürre bei den Trockendocks vorbei, wo, bis auf die längst verrosteten Skelette abgewrackt, Tanker lagen. Meine ultramarinfarbene Quittung war in der Brusttasche aufgeweicht worden, wenn ich annehme, dass ich einen Anzug trug. Vielleicht ging ich auch in Lumpen. Es ist anzunehmen, dass ich in Lumpen ging oder in Lumpen gehe. Ich kann das nicht beurteilen. Als Pilgerausweis oder Legitimation mochte der Schein genügen; denn der Aufdruck war leserlich. Die oberirdisch geführte Dockbahn war gänzlich leer, und der heisse Fahrtwind kam mir kühl vor. Da die

Arbeitslosigkeit allgemein war, hatte der Premierminister den Gewerkschaftsführern anempfohlen, einen befristeten Streik auszurufen, der, unterstützt von Hetzartikeln in der Stadtzeitung, permanent geworden war, so dass der Schein erweckt wurde, es gäbe allenthalben Arbeit, und so sah ich die Streikenden, wie sie, nun von der Stadtzeitung Nichtstuer genannt, um ihren ohnmächtigen Zorn von anderer Seite her zu schüren, untätig an den Docks standen und ihre ausgefransten Transparente mit den inzwischen verblassten und unleserlichen Parolen der menschenleeren Hochbahn entgegenhielten; selbst dann noch, als die Bahn ins kolossale Turmgebäude einfuhr. Im Turm selbst, der, an die dreihundert Meter hoch, die Stadt dominierte, waren die Büros unvermietet geblieben. Nur Putzfrauen kamen. Sie wurden mit Essenbons für Grundnahrungsmittel entlöhnt und polierten die stets blankgescheuerten leeren Räume.

Damals (jüngst?) stieg ich, wie ich euch vielleicht schon einmal sagte, so dass ich mich, was wahrscheinlich dauernd geschieht, vor euch wiederhole, beim Kriegsmonument auf die U-Bahn um und fuhr gegen Westen zum Botanischen Garten, über dem die Jets zur Landung ansetzten und so tief flogen, dass das Gewächshaus mit den fleischfressenden Pflanzen vibrierte. Der dreibeinige Hund wartete vor einer der Pforten. Er versuchte mit dem abgebissenen Schwanz zu wedeln, hob die Lefzen und zeigte die gebleckten Zähne so, als lächelte er mir entgegen. Er war mir jüngst (damals?) ins gläserne Gewächshaus gefolgt; aber eine besonders gefährliche fleischfressende Pflanze, die berühmte blassblaue Kynophogia, hatte ihn angefallen und ihm nebst dem Schwanz ein Bein abgebissen. Daraufhin war der Hund zum eingefleischten Vegetarier geworden.

Ich versichere, die Wahrheit und nur die Wahrheit und nichts als die Wahrheit zu sprechen, wenn ich nun sage, und zwar hier und jetzt, also letztlich, was genauer ist, wo auch immer, ich sei mir, als ich auf die Bank zutrat, auf der ich als Zeuge nachmittäglicher Fütterung fleischfressender Pflanzen üblicherweise sitze, leibhaftig begegnet. Ein Schock. In diesem Augenblick muss ich mein Gedächtnis verloren haben. Sicher bin ich nicht. Es besteht durchaus die Möglichkeit, dass ich mein Gedächtnis oben vor dem Observatorium auf der Südseite des Flusses im Augenblick des Abstempelns von Ort und Zeit verloren habe und es von derselben Farbe sein müsste wie die Quittung. Ultramarin.

Ich war entleert. Zwar wusste ich, dass ich zuvor mit der U-Bahn zum Botanischen Garten gefahren war. Vielleicht bin ich auch zu Fuss gegangen; aber es ist anzunehmen, dass ich die U-Bahn genommen hatte. Die Hitze füllte den Wagen aus. Die abgewetzten Polster blutgetränkte Watte. Die Passagiere lasen in der Stadtzeitung oder schliefen blöden Gesichts mit offenen Mündern. Die Köpfe rollten zur Seite oder hingen nach hinten. In einer Tüte sah ich Gurken, und ich erinnere mich genau, so genau, wie sich nur jemand erinnern kann, der sein Gedächtnis, das aus blauen Tüpfchen besteht, verloren hat, dass sich eine der Gurken bewegte. Sie bewegte sich langsam wie eine Riesenraupe. Sie kroch aus der Tüte und saugte sich egelgleich am Bein der Gurkenkäuferin oder Gurkenverkäuferin fest. Eine grüne, hypertrophe Krampfader. Die Veränderung. Mimikry. Eine der vielen Mutationen der Chinesischen Hochzeitsblutwegschleckschnecke.

Anfang der Erzählung *lebenslänglich*,
geschrieben in London an der Smithy Street, August bis Oktober 1995;
erscheint im Herbst 1996 im Basler Lenos Verlag

Peter Brunner

Peti Brunner

Lebensdaten

Geboren 1958 in Basel. 1977–79 Bildhauerfachklasse bei Johannes Burla, ASG Basel. 1981–83 The San Francisco Art Institute, bei Doug Hall und Tom Marioni. Lebt in Münchenstein/BL.

Auszeichnungen

1981 Prix de la Fondation de la Vocation, Genève; 1985 Stipendium des Kantons Zürich; Reisepreis des Basler Kunstvereins; 1986–87 Atelier der Christoph-Merian-Stiftung (IAAB-Austausch) in Montréal; 1988 Eidgenössisches Kunststipendium; Stipendium des Kantons Basel-Stadt; 1989 Eidgenössisches Kunststipendium; 1990 Preis für Malerei der Schweizerhall; 1991 Eidgenössisches Kunststipendium; 1995–96 London-Stipendium der Zuger Kulturstiftung Landis & Gyr.

Ausstellungen (Auswahl)

1982 The Farm Gallery, San Francisco; 1985 Organisation und Teilnahme *Vision*, Basel; Organisation und Teilnahme *Der Natur*, Basell; 1987 IAAB-Atelierhaus, Basel; *Different Worlds II. The Basel Point of View*, Ausstellungsraum Harry Zellweger, Basel (Beilagebroschüre von P.B.); 1989 Galerie M/2, Vevey; 1990 Kunsthalle Basel (Katalog *Peti Brunner. Wickler*); *Szene Schweiz*, Mannheimer Kunstverein; 1991 Galerie Meile, Luzern; 1993 Galerie Meile, Luzern; 1994 Galerie Littmann, Basel; 1996 Galerie Littmann, Basel (i.V.).

Peti Brunner

25   Links: *o. T.* 1994. Siebdruck auf Papier auf Baumwolle, 2teilig, je 110 x 73 cm
Oben: *Taiwan*. 1993. Mischtechnik auf Papier auf Baumwolle, 2teilig, 285 x 293 cm

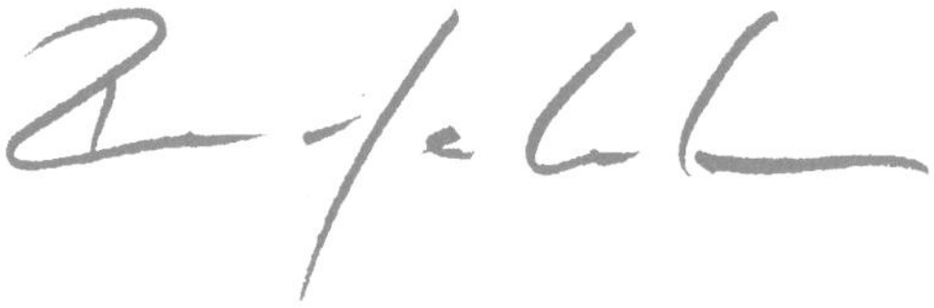

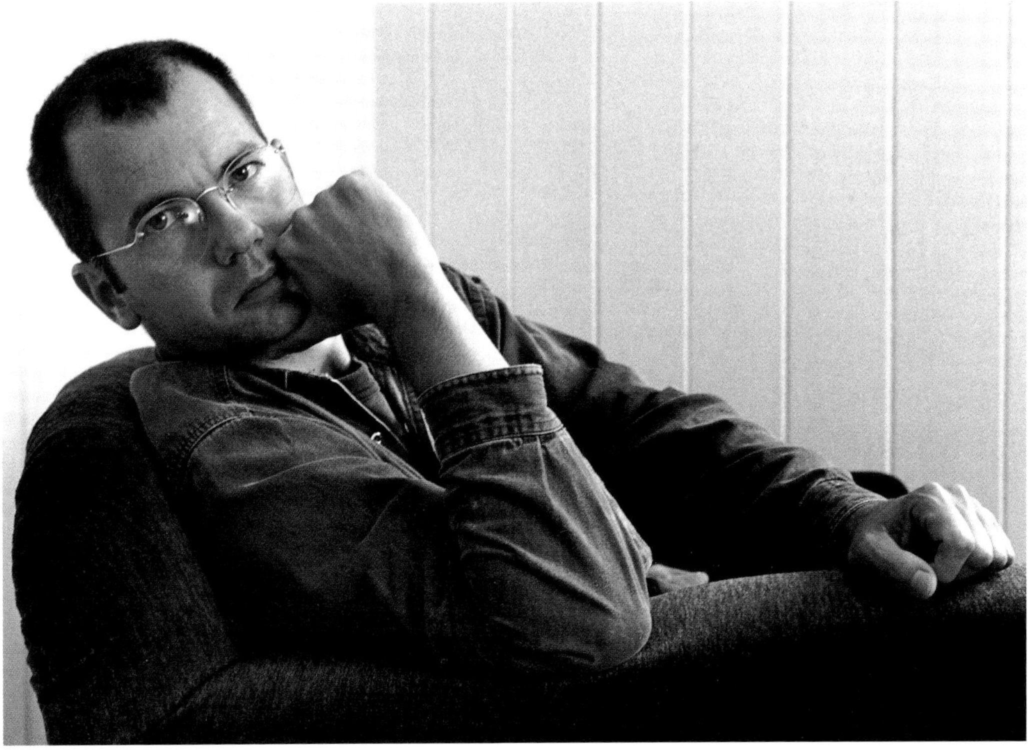

Roland Dahinden

Lebensdaten

Geboren 1962 in Zug. Studien in Komposition, Posaune sowie World Music an der Swiss Jazz School Bern, Musikhochschule Graz, Scuola di Musica di Fiesole, Florenz und Wesleyan University, Connecticut (master of arts in composition and performance). Lebt als freiberuflicher Musiker in Hätzingen/GL und New York City.

Tätigkeit

Kompositionen für Solo-Instrumente und Kammer-Ensembles, Klangskulpturen und Klanginstallationen: Aufführungen und Ausstellungen in Europa, Amerika und Asien.

Werke auf den Labels hatART Basel, Leo Rec. London, sound aspects Backnang, amadeo/PolyGram Wien; Ausstrahlungen durch Radiostationen in Europa und Nordamerika.

Interdisziplinäre Zusammenarbeit mit bildenden Künstlern wie Stéphane Brunner (Brüssel), Rudolf de Crignis (New York), Philippe Deléglise (Genf), Josef Herzog (Zug), Sol LeWitt (Connecticut), Morger & Dégelo Architekten (Basel).

Als Posaunist Konzentration auf Jazz/Improvisationen und Neue Musik. Komponisten wie Maria de Alvear (E), John Cage (USA), Alvin Lucier (USA), Chris Newman (GB), Pauline Oliveros (USA), Christian Wolff (USA) schrieben Werke für ihn.

Sideman u.a. in Gil Evans Big-Band (mit Miles Davis); Mitglied im Ensemble New York und im Sextett von Anthony Braxton; seit 1987 Duo mit der Pianistin Hildegard Kleeb.

Auszeichnungen

1989 Artist in Residence im The A. Guthry Art Centre, Monahan, Ireland; 1990 London-Stipendium der Zuger Kulturstiftung Landis & Gyr; 1994–95 Scholar in Residence in Music an der Wesleyan University, Connecticut.

Discographie (Auswahl)

John Cage, *Prelude for Meditation*, mit H. Kleeb (CD hatART, 1993); Christian Wolff, *For Ruth Crawford*, mit H. Kleeb und D. Polisoidis (CD hatART, 1994); Dahinden, *Three*, mit A. Braxton und A. Fuller (CD sound aspects, 1995); Christian Wolff, *Exercises*, mit E. Blum, S. Schleiermacher und J. Williams (CD hatART, 1995); Alvin Lucier, *Panorama*, mit H. Kleeb (CD Lovely Music New York, 1996); Maria de Alvear, *Al arbol del norte*, mit H. Kleeb (CD, 1996, i. V.); Dahinden, *Naima*, mit J. Fonda und A. Fuller (CD, 1996, i. V.).

for Rudolf de Crignis # 2

Roland Dahinden

Performance notes

The lines correspond to the open strings of the violin. The top line represents the G string and the adjacent lines the corresponding higher strings. Each chord is 7 seconds long, with rests of 13 seconds in between. All 26 chords are played mezzopiano. A straight line indicates niente, an undulating line sul ponticello. This sound installation is realized in the studio by one violin player. The sound from the strings are spread evenly across the stereophonic field with the G string on the left through to the E on the right.

New York, 1995   © Roland Dahinden

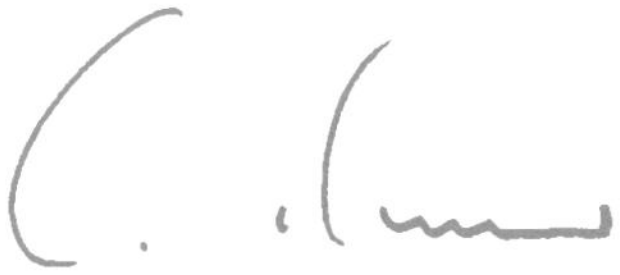

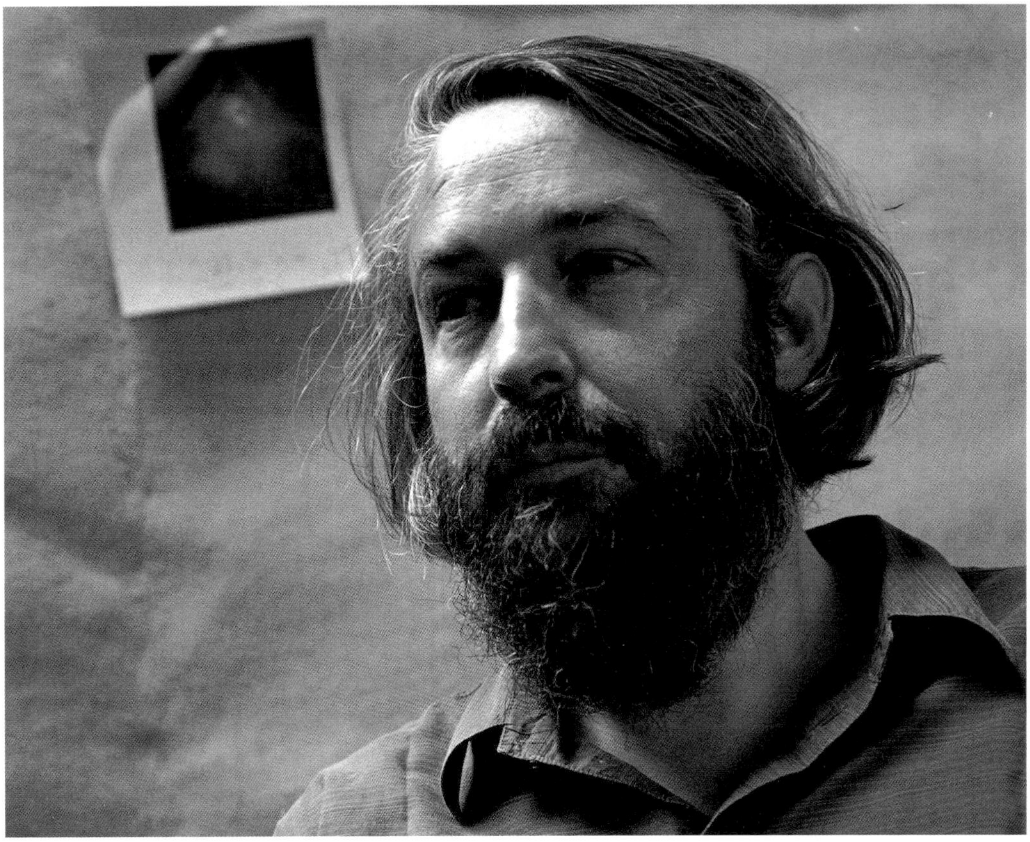

Hans Danuser

Lebensdaten

Geboren 1953 in Chur. Arbeitet in der Schweiz sowie in England und den USA; 1979–89 Arbeit am Zyklus IN VIVO, ausgestellt u.a. im Aargauer Kunsthaus, Aarau 1989; 1990–93 Institutsbilder / eine Schrift-Bild-Installation für die Universität Zürich. Lebt in Zürich.

Auszeichnungen

1984 Atelier der Stadt Zürich in New York; 1991 Conrad-Ferdinand-Meyer-Preis für Bildende Kunst; 1991 London-Stipendium der Zuger Kulturstiftung Landis & Gyr.

Ausstellungen (Auswahl)

1989 IN VIVO – 93 Fotografien, Aargauer Kunsthaus Aarau; 1990 Curt Marcus Gallery, New York; 1991 Städtische Galerie im Lenbachhaus, München; The Interrupted Life, Museum of Contemporary Art, New York; 1994 Raumarbeit Wildwechsel, Bündner Kunstmuseum, Chur; 1995 identità e alterità, Biennale von Venedig.

Publikationen (Auswahl)

Hans Danuser. IN VIVO – 93 Fotografien, Ausstellungskatalog, Texte: Beat Wismer und Urs Stahel, Aargauer Kunsthaus, Aarau 1989 (als Buchprojekt erschienen im Lars Müller Verlag, Baden); Wichtige Bilder – Fotografie in der Schweiz, Texte: Urs Stahel und Martin Heller, Berlin: Verlag der Alltag, 1990; Hans Danuser. WILDWECHSEL, Texte: Beat Stutzer und Reto Hänny, Baden: Lars Müller, 1993; HELLDUNKEL – Ein Bilderbuch, ein Text von Reto Hänny, ausgehend von den Arbeiten IN VIVO, Institutsbilder und Wildwechsel, Frankfurt a.M.: Suhrkamp, 1994; Gregory Fuller, Endzeit Stimmung – Düstere Bilder in goldener Zeit, Köln: DuMont, 1994.

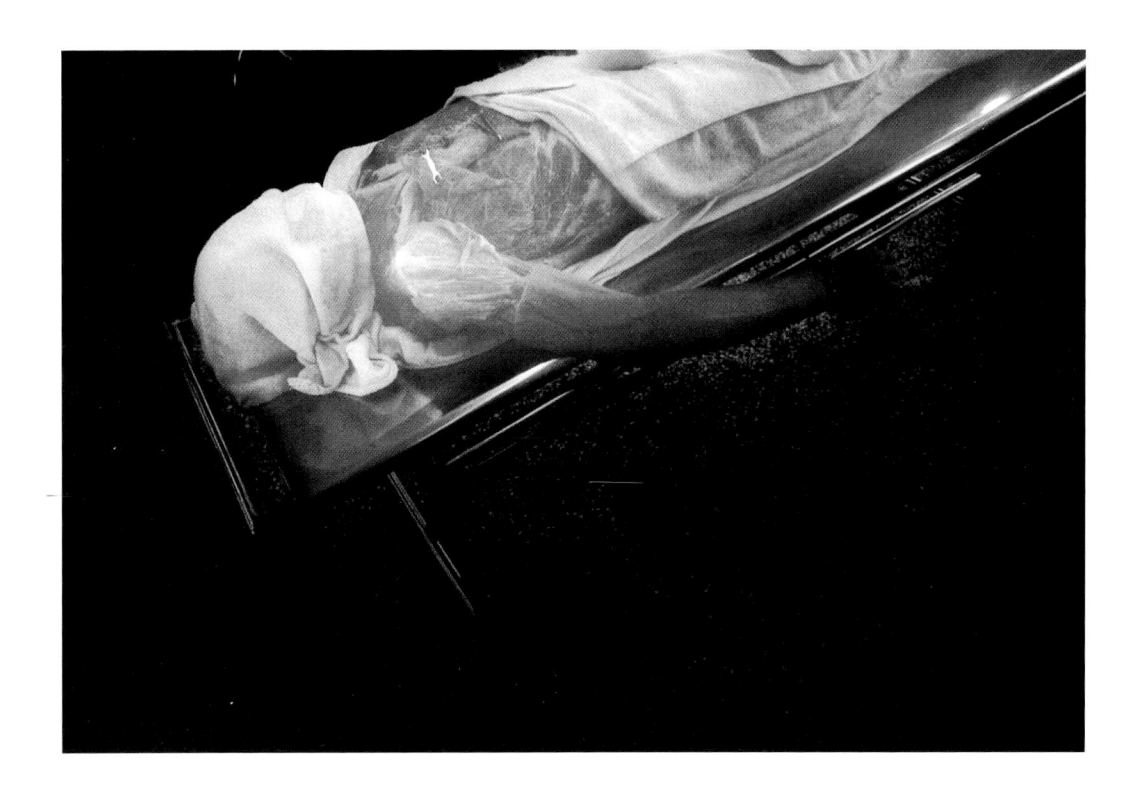

Hans Danuser

Links: *Torso*, aus: *IN VIVO / Medizin I*. 1984
11 Photographien auf Bromsilberpapier, 40 x 50 cm
Oben: Schriftband in der Universität Zürich-Irchel, Bau 17, Stockwerk H
Teil der Installation *Institutsbilder / eine Schrift-Bild-Installation*. 1990–1991
Blaue Wasserfarbe auf weisser Innendispersion, 11,6 x 1253 cm

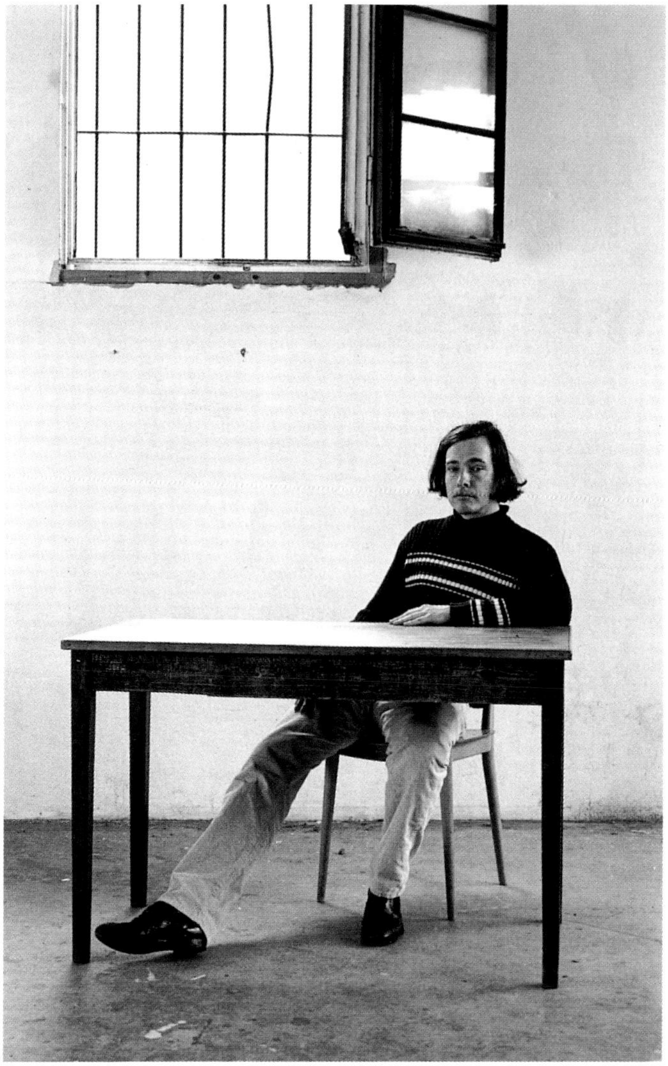

Markus Döbeli

Lebensdaten

Geboren 1958 in Luzern. 1981–84 Schule für Gestaltung, Luzern (Freie Kunst); 1984–87 Staatliche Kunstakademie, Düsseldorf (Freie Kunst). Lebt in Luzern und New York.

Auszeichnungen

1985, 1986, 1987 Eidgenössisches Kunststipendium; 1988 Werkjahr der Stadt und des Kantons Luzern; 1990 London-Stipendium der Zuger Kulturstiftung Landis & Gyr; 1995 Förderungsbeitrag, Kuratorium für die Förderung des kulturellen Lebens, Kanton Aargau.

Einzelausstellungen

1987, 1988 Raum für aktuelle Kunst, Luzern; 1988 Kunstraum Kreuzlingen; 1989 Galerie Apropos, Luzern; 1992 Kunsthalle Luzern (Katalog); Syndikat-Halle, Bonn; Mai 36 Galerie, Luzern.

Gruppenausstellungen

1986 *Junge Kunst aus der Schweiz*, Orangerie, Kassel; 1987 *Art Forum 87*, Basel; 1988 Shedhalle Zürich (Katalog); 1990 Atelier & Galerie Kollektiv, Wuppertal (Katalog); 1991 *Luzern Transit?*, Mai 36 Galerie, Luzern; 1992 Mai 36 Galerie, Luzern; *4. Internationale Kunstbiennale*, Kairo; 1993 *InnerSchweizer Kunst 90/70*, Kunstmuseum Luzern; 1994 *Art Cologne*, Köln (Förderkoje, Mai 36 Galerie); 1995 *Kunstwinter*, Pavillon im Vögeli-gärtli, Luzern.

Arbeiten im öffentlichen Raum

Wettbewerbsteilnahmen: 1991 Hotel des Postes, Rue du Mont Blanc, Genf; 1993 Onkologie, Kantonsspital Luzern; 1995 Alters- und Pflegeheim Zell (Projekt wird ausgeführt).

Markus Döbeli

Links: *o.T.* 1994. Acryl auf Baumwolle, 190 x 132 cm
Oben : *o.T.* 1994. Acryl auf Baumwolle, 190 x 132 cm

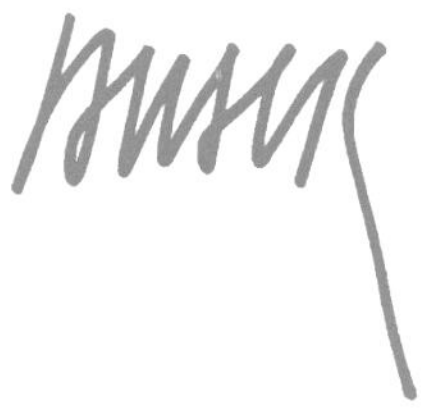

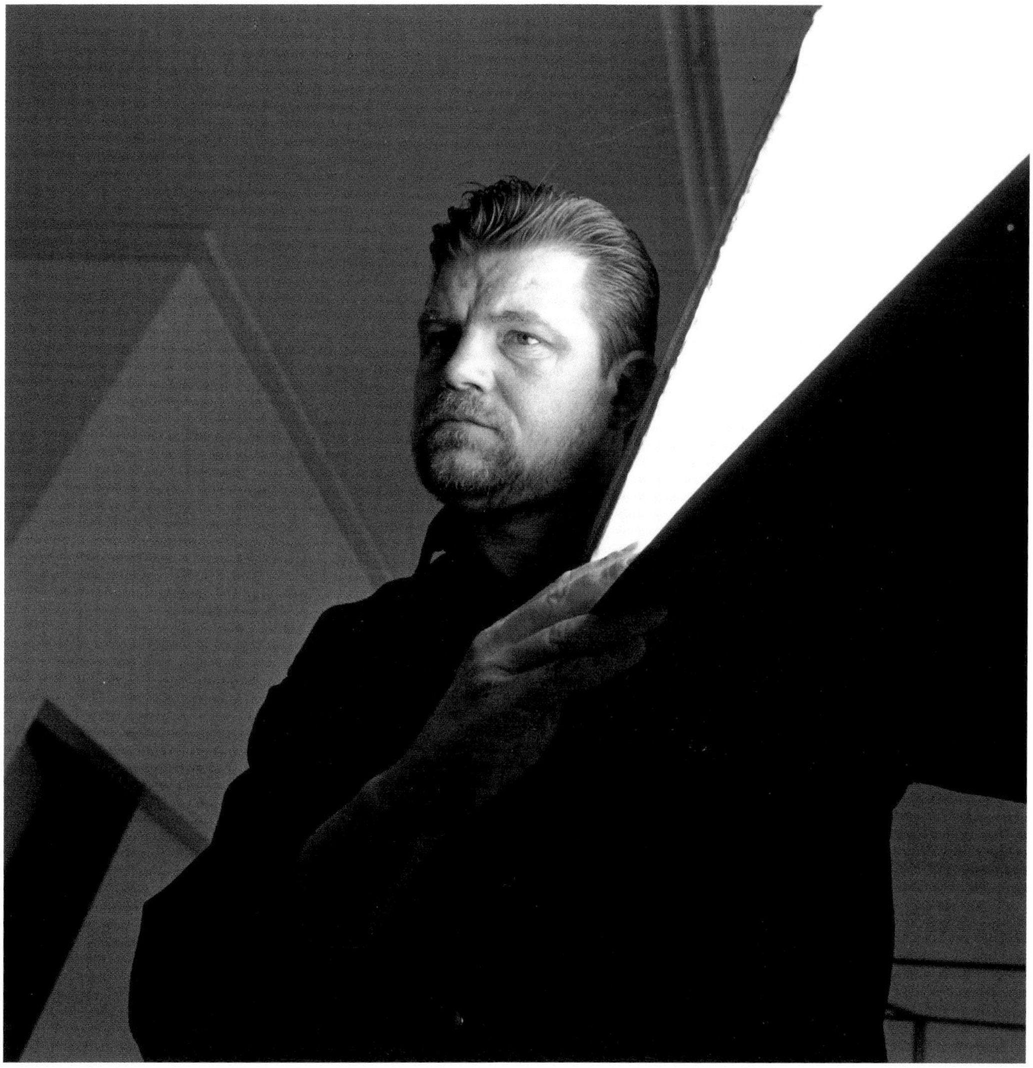

Toni Dusek

Lebensdaten

Geboren 1947 in Prag. 1966 Matura. Bis 1972 Standphotograph und Kameraassistent; 1972–77 Studium an der Filmhochschule Prag, Diplomabschluss als Kameramann; 1977–80 freischaffender Kameramann. Seit 1980 politisches Asyl in der Schweiz; 1980–83 Notstelle als Mechaniker; 1983–88 Werbephotograph bei Revox Studer. Lebt seit 1988 als freischaffender Kameramann und Photograph in Urdorf/ZH.

Auszeichnungen

1986 Ankauf der Kantonalen Kulturkommission, Zürich; 1988 Qualitätsprämie der Bundesfilmförderung, Bern; 1989 Ankauf der Kantonalen Kulturkommission, Zürich; 1992 London-Stipendium der Zuger Kulturstiftung Landis & Gyr.

Arbeiten

1982 Videobearbeitung der Theatervorstellung *Eine gebrochene Frau*, Theater Heddy Maria Wettstein, Zürich; 1983–84 Video- und Fotoarbeiten für das Centre d'initiation au cinéma, Lausanne; 1987 Fotopublikation in Jiri Kolars *Revue K*, Frankreich; 1988 *Standpunkt, Drehpunkt, Zeitpunkt* – Videoporträt des Bildhauers Florin Granwehr; Videoporträt des Objektkünstlers Jürgen Krusche; 1991 Videoporträt des Künstlers Joseph Egan; 1994 *Karneval der Liebe* – Videoporträt der Keramikerin Elisabeth Langsch; 1995 Video *And you*; Video *Tibet*.

Ausstellungen

1986 Galerie Bodenschatz, Basel; *Kunstszene Züspa*, Zürich; 1989 *Fotoausstellung*, Baden; Kunstausstellung Zürich-Land; 1991 *Kunstszene 91/92*, Zürich; 1992 *Tschechische Fotografie im Exil*, Prag; 1994 Galerie der Stadt Blansko, Mähren; FAMU, Prag; Bundeshaus, Bern.

Foto: T. Dusek

Toni Dusek

Aus der Serie *Smithfields Market*. 1992

A. Egg/t

Anton Egloff

Lebensdaten

Geboren 1933 in Wettingen/AG. Studium an der Kunstgewerbeschule Luzern und an der Staatlichen Kunstakademie Düsseldorf bei Prof. M. Sieler. Assistent an der Staatlichen Kunstakademie Düsseldorf. Lehrer an der Kantonalen Schule für Gestaltung Luzern, bis 1990 Leiter der Abteilung Freie Kunst. Lebt seit 1964 in Luzern.

Auszeichnungen

1984 Kunstpreis der Stadt Luzern; 1991 London-Stipendium der Zuger Kulturstiftung Landis & Gyr; 1992 Werkbeitrag Kuratorium zur Förderung des kulturellen Lebens, Kanton Aargau; 1993 Ehrengabe Jubiläumsstiftung der Schweizerischen Bankgesellschaft.

Einzelausstellungen (Auswahl)

1986 Museum zu Allerheiligen, Schaffhausen; 1991 Kunstmuseum Luzern; 1993 Galerie Kornfeld, Zürich; 1995 Maison Item, Biel. Seit 1966 Gruppenausstellungen im In- und Ausland.

Arbeiten im öffentlichen Raum (Auswahl)

1990–95 Rigiplatz, Zug: *4 skulpturale Interventionen* (gemeinsam mit C. Perrin, F. Paolucci, A. Wolfensberger); 1992 WSL ETH Birmensdorf, Zürich: *3 skulpturale Orte*; 1994 CKW Rathausen/LU: *2teilige Konstellation*; 1995 Bakom, Biel: *Hören Ost Süd West Nord*, Konstellation mit 4 Steinquadern und Bronze.

Publikationen

Katalog/Monographie, Kunstmuseum Luzern 1991 (Ausstellungsverzeichnis, Bibliographie); *Londonjournal* (Anton Egloff) / *Londoner Textstücke* (Heinz Stalder), 2 Bde., Poschiavo/Luzern: Edizioni Periferia, 1992.

Anton Egloff

45 Links: *Konstellation aus dem Modelsystem*. 1980–1991. Bronze, ca. 50 x 45 cm
Oben: *Projekt-projektionen*. 1969–1995. Div. Materialien in Holzkisten, je 50 x 65 cm

Philipp Engelmann

Philipp Engelmann

Lebensdaten

Geboren 1954 in Olten/SO. Aufgewachsen in Winterthur und Bern; 1975 Diplom der Schauspielschule Konservatorium Bern. Schauspieler am Theater am Neumarkt, Zürich, Comédie de Genève, Stadttheater Luzern und in freien Produktionen; Regieassistenz bei Benno Besson, Comédie de Genève. 1989–90 Hausautor am Theater Basel. Mitglied Autorengruppe Olten. Lebt seit 1995 als freischaffender Autor in London.

Auszeichnungen

1985 1. Preis Dramenwettbewerb der Zeitschrift *Musik + Theater*; 1986 Förderungspreis der Frankfurter Autoren-Stiftung; 1992 Pro Helvetia; 1994 Kanton Solothurn; 1994 2. Preis Dramenwettbewerb der Schweizerischen Schillerstiftung; 1994–95 London-Stipendium der Zuger Kulturstiftung Landis & Gyr.

Theaterstücke

1981 *Junge komm bald wieder – Szenen aus dem Jugendstrafvollzug* (zus. mit Ines Wellauer), Theater am Neumarkt, Zürich; 1986 *Die Hochzeitsfahrt*, Schauspielhaus Zürich; 1989 *Kein Platz für Helden*, Theater am Neumarkt, Zürich; 1991 *Oktoberföhn*, Landestheater Tübingen, Stadttheater Bern u.a.O. (17. Mülheimer Theatertage, Heidelberger Stückemarkt 92); 1993 *Nachtleben*, Landestheater Tübingen (eingeladen zu den Potsdamer Werkstatt-Tagen); *Hagemann* (Uraufführung noch offen); *König B.B.*, Kinderstück (in Arbeit).

Publikationen

Die Hochzeitsfahrt, Zürich: Egon Ammann, 1986; *Das gelbe Sofa*, in: MiniDramen, Frankfurt a.M.: Verlag der Autoren, 1987; *Oktoberföhn*, in: Neue Theaterstücke aus der Schweiz, Frankfurt a.M.: Eichborn, 1990.

Verschiedenes

1990 Drehbuch zum Kinofilm *Bingo* von Markus Imboden mit Ruedi Walter (Vega-Film, Zürich); 1992 Adaption von Molières *Der eingebildete Kranke*, Landestheater Tübingen; Drehbuch *Das letzte Spiel* (Realisation noch offen). Diverse Minidramen, Radiokurzhörspiele, Übersetzungen und Synchronadaptionen. Dialektbearbeitungen für Schauspielhaus Zürich, Stadttheater St. Gallen und Fernsehen DRS. Beiträge in Zeitungen und Zeitschriften, u.a. in *Basler Zeitung*, *Der kleine Bund*, *Berner Zeitung*, *Tages-Anzeiger*, *Schwäbisches Tagblatt*.

> EVELYN   Er hätte sich umbringen sollen. Jetzt ist es zu spät.
> MELANIE Ich weiss. Du stehst vor einem grossen Problem.
> EVELYN   Zu feige, sich das Leben zu nehmen. *(Pause.)* Das sieht absurd aus, wenn ein Schauspieler stirbt.

MELANIE Auf der Bühne ist er immer gerne gestorben.
EVELYN   Das ist schon über zehn Jahre her. Seit er in diesen Fernsehserien spielte, ist er langsam verblödet. Der Alkohol tat das übrige. *(Pause.)* Schau ihn dir an. Er ist nicht nur todkrank, er spielt auch noch den Todkranken. *(Pause.)* Ich verstehe Werner nicht, er putscht ihn nur mit Medikamenten auf. Das geht gegen mich.
MELANIE Pers Krankheit ist für uns alle unfassbar. Und jetzt stehen wir hilflos da. Werner als Arzt genauso.
EVELYN   Ich kann nicht mehr, verstehst du? Per lebt seine Hassorgie genüsslich gegen mich aus. Werner sollte ihn zumindest mit Medikamenten runterdämpfen.
MELANIE Per spielt mit uns allen Weltuntergang. Das war immer ein wenig seine Art.
EVELYN   Dani ist vor zwei Tagen mit Pers Wagen abgehauen. Per hat sich andauernd über ihn hergemacht.
MELANIE Mach dir keine Sorgen. Dani wird schon anrufen. Er ist ja auch kein Kind mehr. Ich weiss, das ist jetzt alles sehr stressig für euch.

Werner verlässt den vor sich hin dösenden Per und betritt die Veranda.

EVELYN   Werner, du musst ihn jetzt endlich ruhigspritzen. Das geht so nicht weiter.
WERNER   So einfach ist das nicht. Er will keine Barbiturate. Und er lässt sich nichts vormachen.
EVELYN   Pers Verhalten ist mörderisch. Und du unterstützt ihn dabei.
WERNER   Das bringt jetzt nichts, dich in solch einen Zustand hineinzureden.
MELANIE Evelyn, beruhige dich, bitte.
EVELYN   Du bist jetzt still, ja? Du hast dich all die Wochen nie über das absolut notwendige Mass hinaus um uns gekümmert. Mir und den Kindern sitzt der Schrecken in den Knochen. Ich kann nicht mehr. Verstehst du?
WERNER   Vergiss nicht: dein Mann ist Schauspieler. Das ist sein letzter grosser Auftritt.
EVELYN   Per weiss genau, wo ich verwundbar bin. Er hat mich genau dorthin gebracht, wo er mich hinbringen wollte.
WERNER   Niemand zwingt dich, hier zu bleiben.
EVELYN   Seine zerstörerische Strategie wird erst hinterher erkennbar. Ich weiss es: er will, dass ich ihn umbringe. Das ist der präzise Zweck seiner Kriegsführung. Und dafür soll man mich dann lebenslänglich hinter Gitter bringen. Erst dann hat er seinen endgültigen Sieg über mich errungen.
MELANIE Klingt das nicht alles ein bisschen verrückt? Evelyn, ich kann mich sehr gut in deine nervliche Verfassung versetzen, aber beruhige dich jetzt.

WERNER Pers Krankheit ist eine bösartige Angelegenheit. Jetzt spielt er denjenigen, der die Rolle des Sterbenden nicht annehmen will.

EVELYN Und du dienst ihm als Komplize. Aber so läuft das nicht. Für mich ist das jetzt eine Frage des Überlebens. Ich schwörs dir: wenn ich dabei draufgehe, hängst auch du. Du machst jetzt, was ich will, oder ich werde alles auspacken, was ich über dich und die Klinik weiss.

WERNER Du auch? *(Bleibt ruhig.)* Ich versuche nur, ihm die schlimmsten Schmerzen zu ersparen, ihn zu beruhigen. Was kann ich noch tun? Es ist die Angelegenheit von einigen Tagen, wenigen Wochen. Seine Aggressivität ist seine letzte Überlebensstrategie. Er versucht so sein Ende hinauszuzögern. Lass ihm doch seinen letzten grossen Abgang. Ich hab ihm nebst der Gemeindeschwester noch eine Krankenpflegerin aus der Klinik besorgt. Sie ist rund um die Uhr für ihn da. Warum bleibst du noch hier? Geh ins Hotel.

EVELYN Ich verabscheue dich, deine feige Art, das Problem aus dem Weg zu schaffen, gleichgültig zuzuschauen, wie er mich psychisch fertigmacht. Er will uns alle mit in den Abgrund ziehen, Dani und Nathalie genauso. Aber dir ist das alles gleichgültig. So wie dir in deinem Leben immer alles gleichgültig war, genauso wie du auch Hilde dezimiert hast; eigentlich warst du an ihrer Krankheit schuld. Ihr seid genau von derselben Schweinerasse, du und mein Mann.

WERNER Denk, was du willst. Jede Krankheit hat ihre grausame Logik. Wenn du mich jetzt für Hildes Krebs verantwortlich machst, ist das nur geschmacklos. *(Pause.)* Per wird den Tod haben, den er will. Das dauert nicht mehr lange. Geh für ein paar Tage weg.

MELANIE Wir können es nicht ändern. Die letzten Wochen waren furchtbar für dich. Werner hat recht. Geh für ein paar Tage weg. Du wolltest doch diesen Beitrag fürs Reisemagazin schreiben.

EVELYN Warum soll ich weg? Ich kann nicht weg! Die Hölle ist jetzt auch in meinem Kopf. Ich muss hier bleiben. Ich muss. *(Zu Melanie.)* Werner will mir nicht helfen. Ich habe ihn in Angst und Verzweiflung um Hilfe gebeten, er soll ihm endlich das richtige Beruhigungsmittel spritzen. Die Mittel putschen ihn nur auf, machen ihn aggressiv. Per soll hier sterben dürfen, aber er soll uns hier nicht in seinen mörderischen Plan verstricken! *(Zu Werner.)* Spritz ihm irgendein Gift, das ihn runterholt.

WERNER Er will keine Barbiturate. Das muss ich respektieren. Er bekommt soviel Morphin, wie er will. In erster Linie bin ich nicht sein Arzt, sondern sein Freund. Er soll seine letzten Tage so mitbekommen, wie er es wünscht. Befolge unseren Rat, Evelyn. Geh für ein paar Tage weg. Nimm Nathalie mit. Es ist nicht gut für sie, das alles mitzubekommen.

Er verlässt die Veranda, setzt sich im Wohnraum in einen Sessel und steckt sich eine Zigarette an. Hagemann schläft noch.

Hagemann, aus der Zweiten Szene des noch nicht aufgeführten Theaterstücks

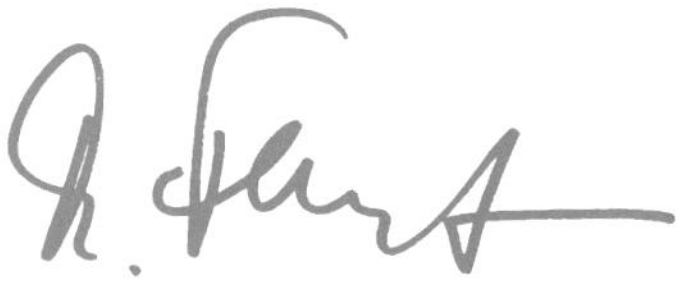

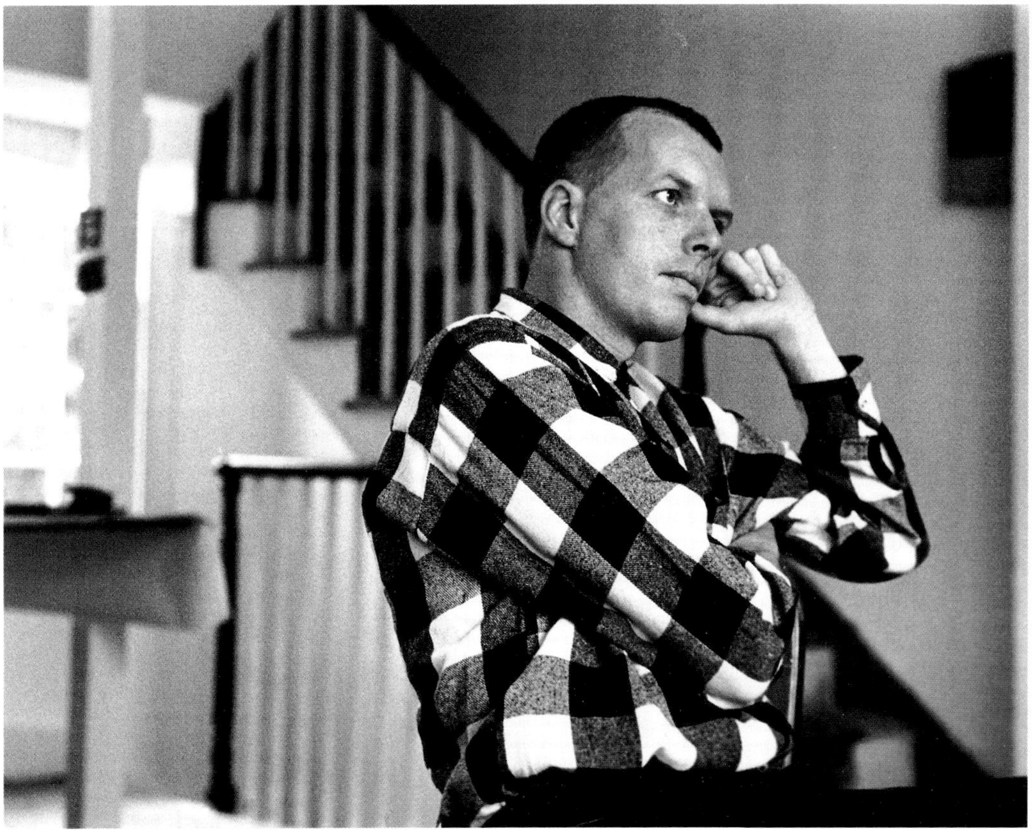

Thomas Flechtner

Lebensdaten

Geboren 1961 in Winterthur. 1983–87 Fotofachklasse in Vevey; 1986 Assistenz bei Christian Vogt, Basel; 1987 Assistenz bei Jaschi Klein, Hamburg. Veröffentlichungen in verschiedenen Zeitschriften, u.a. in *Du*, *Vis-à-Vis*, *Blueprint*. Lebt seit 1993 in London.

Auszeichnungen

1988 Eidgenössisches Kunststipendium; 1989 Europäischer Fotopreis Kodak, Arles (1. Preis der Schweiz und 2. Preis Europa); 1990 Eidgenössisches Kunststipendium; 1991 European Photography Award, Berlin; 1992 Eidgenössisches Kunststipendium; 1993 London-Stipendium der Zuger Kulturstiftung Landis & Gyr.

Ausstellungen (Auswahl)

1985 *TIP*, Fribourg; 1988 Nikon-Galerie, Zürich; 1989 Centro il diaframma, Mailand; Galerie Junod, Lausanne; Galerie zur Stockeregg, Zürich; *Europäischer Fotopreis Kodak*, Arles; Art Junction, Nizza; 1990 Galerie FotoFolie, Zürich; 1991 *Découvertes*, Paris; *Die Schweiz anders sehen*, Fribourg (Kat.); *European Photography Award*, Berlin (Kat.); 1992 Galerie Scalo, Zürich; 1994 Nikon-Galerie, Zürich; 1996 Swiss Institute, New York (i.V.).

Arbeiten im öffentlichen Raum

1993 *Pools*, Berufsschule Winterthur; 1995 *Wolkenbilder*, Installation im Airport Zürich.

Foto: T. Flechtner

Thomas Flechtner

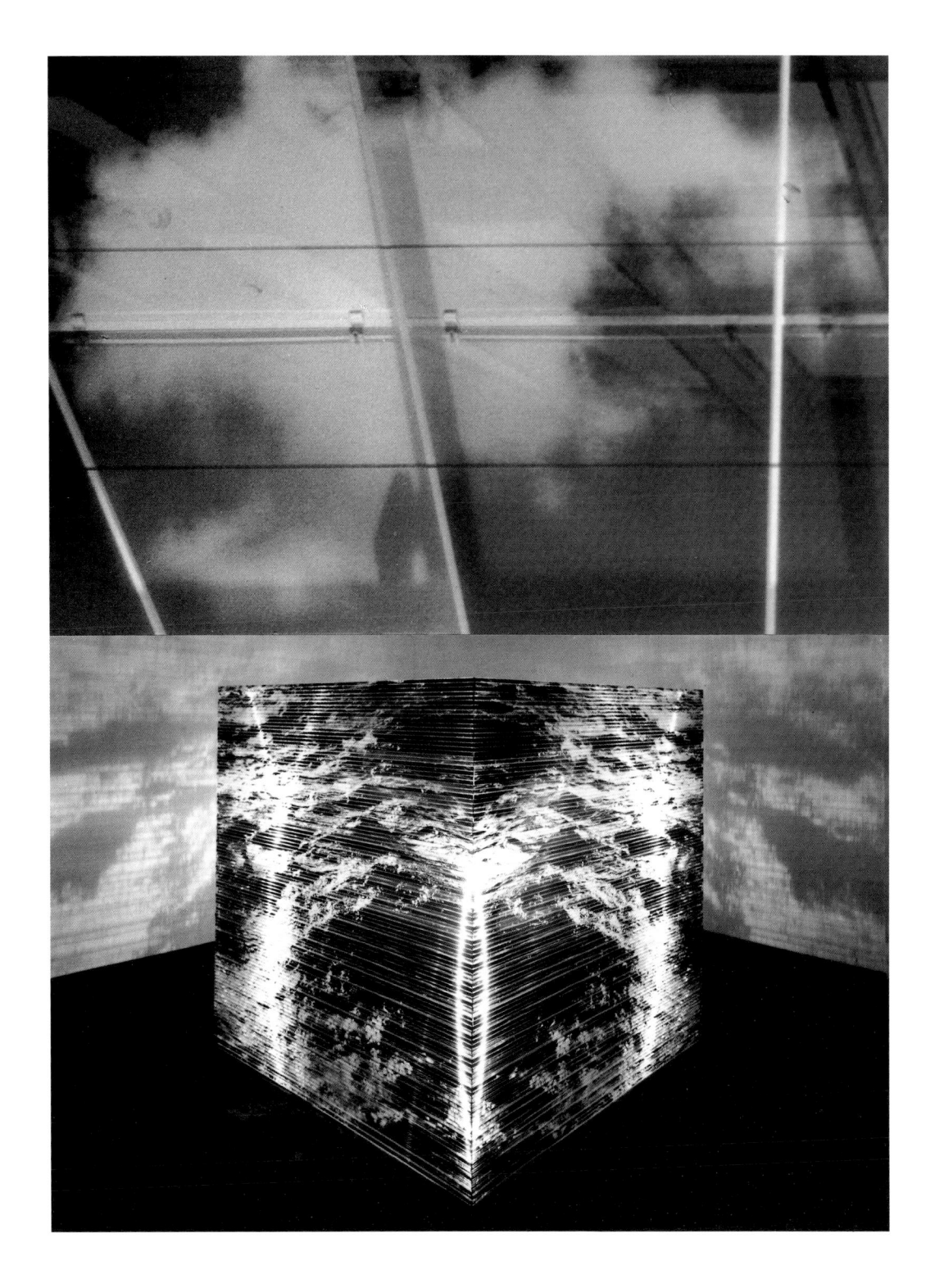

Links: *study for space*. 1995 / *study for cube*. 1995
Oben: *clouds* (Ausschnitt). 1995 / *cube*. 1994

M. Gadient

Markus Gadient

Lebensdaten

Geboren 1958 in Olten. 1974–75 Schule für Gestaltung, Basel (Vorkurs); 1975–78 Lehre als Maler; 1978/79 Ecole supérieure de dessin d'art, Paris; 1979/80 Ecole nat. supérieure des Beaux-Arts, Paris; 1980–81 Schule für Gestaltung, Basel (Malklasse bei Franz Fedier); 1982 Cooper Union for Advancement of Science and Art, New York. Lebt seit 1982 als freischaffender Künstler in Basel.

Auszeichnungen

1985, 1986, 1987 Eidgenössisches Kunststipendium; 1988–89 Istituto Svizzero in Rom; 1989 Förderbeitrag der Gleyre-Stiftung, Bern; 1993 Baselstädtisches Künstlerstipendium; 1993–94 Paris, Eidgenössisches Werkstipendium; 1995 London-Stipendium der Zuger Kulturstiftung Landis & Gyr.

Einzelausstellungen

1988 Galerie Peter Bläuer, Basel; 1992 *Ausstellungsprojekt Mörsbergstrasse 5*, Basel; 1993 Galerie im Trudelhaus, Baden; 1995 Galerie Margrit Gass, Basel (Kat.).

Gruppenausstellungen (Auswahl)

1984 *Art Forum*, Art 15'84, Basel; 1985 *Macchu Picchu*, Galerie Susan Wyss, Zürich; 1986 *Accrochage*, Galerie Susan Wyss, Zürich; *Junge Kunst aus der Schweiz*, Orangerie, Kassel; 1987 *Junge Künster/innen an der Mustermesse Basel*; 1988 *Fünf junge CH-Künstler*, Art 19'88, Basel; 1989 *Gli artisti dell'Istituto svizzero di Roma 88–89*, Rom (Kat.); 1990 Basellandschaftliche Kunstausstellung, Oberwil; Jahresausstellung der Kunsthalle Basel (Kat.); 1991 *Basler Künstler*, Kunsthalle Palazzo, Liestal (Kat.); 1992 *Sortiment,* Basel; 1993 Eröffnung des Kunst-im-öffentlichen-Raum-Projekts *Haingedicht*, Weil am Rhein (zus. mit Barbara Maria Meyer); Paracelsus-Atelier in der Ciba, Basel (Kat.); 1994 *Where the music comes from*, Kunstraum KIFF, Aarau; 1995 *Salonausstellung*, Kunsthalle Palazzo, Liestal.

Markus Gadient

57   Links: *British landscape*. 1995. Öl auf Baumwolle, 135,5 x 172 cm
Oben: *Tree of tears*. 1995. Öl auf Baumwolle, 135,5 x 172 cm

H. Jaffee

Hans Galler

Lebensdaten

Geboren 1954 in München. 1972–74 Schule für Gestaltung, Luzern; 1977–80 Zimmermannslehre; 1980–82 Schule für Gestaltung, Luzern (Bildhauerklasse); 1984–85 Kunstakademie München; 1987 Gründungsmitglied Forum Junge Kunst, Zug; seit 1992 Werklehrer für Oberstufenschüler; seit 1994 Mitglied der GSMBA, Sektion Innerschweiz. Lebt in Arlesheim/BL.

Auszeichnungen

1982, 1984 Kunststipendium des Kantons Zug; 1987 Atelierstipendium der GSMBA Innerschweiz in der Cité des Arts in Paris; 1989 London-Stipendium der Zuger Kulturstiftung Landis & Gyr; 1990 Stiftung Binz 39 Zürich, Scuol.

Einzelausstellungen

1989 Kulturhaus Palazzo, Liestal (mit Hans Witschi); 1990 Galerie auf dem Rain, Aarau; 1992 Galerie Krienbach, Kriens.

Gruppenausstellungen

1983 Bossardhalle Zug; 1984 Kunsthaus Zug; 1985 Ausstellungsraum der Kunstakademie München; 1986 Altes Zeughaus, Sarnen; Aargauer Kunsthaus Aarau (Ausstellung anlässlich der Vergabe der Bundesstipendien); *Weihnachtsausstellung*, Kunsthaus Luzern; 1987 *Einblick in die Junge Schweizerische Kunst*, SBG, Luzern/Emmenbrücke/Zug; *Forum Junge Kunst*, Fabrik Goldmatt, Cham; 1987–91 *Jahresausstellung der Innerschweizer Künstler*, Kunstmuseum Luzern; 1988 *30 junge Schweizer Plastiker*, Kulturzentrum Pfäffikon/SZ; Fabrik Goldmatt, Cham; Galerie Werner Bommer, Zug; *Innerschweizer Skulptur 88*, Medienausbildungszentrum Kastanienbaum; *Neue Tendenzen*, Kulturhaus Palazzo, Liestal; 1989 Kulturpanorama Luzern; 1990 *3 x 3*, Kunsthaus Zug; 1991 Kornschütte Luzern; *Die Förderung junger Zuger Künstler/innen durch den Kanton Zug*, Kunsthaus Zug; *Held(in)*, Kunsthaus Glarus; *Ausstellung der Künstler/innen des Atelierhauses Arlesheim*, Katharinen, St. Gallen; Trotte Arlesheim; Ausstellungsraum Klingental; 1994 *Forum Junge Kunst*, Kunstraum Zug.

Hans Galler

Links: *Ausschnitt einer Fassade*. 1995. Acryl auf Holz, 70 x 33 cm
Oben: *Gestell (Detail Konstruktion)*. 1995. Acryl auf Holz, 77 x 34 cm

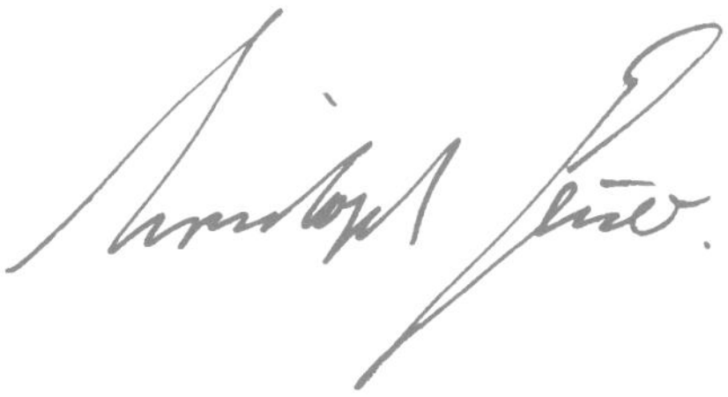

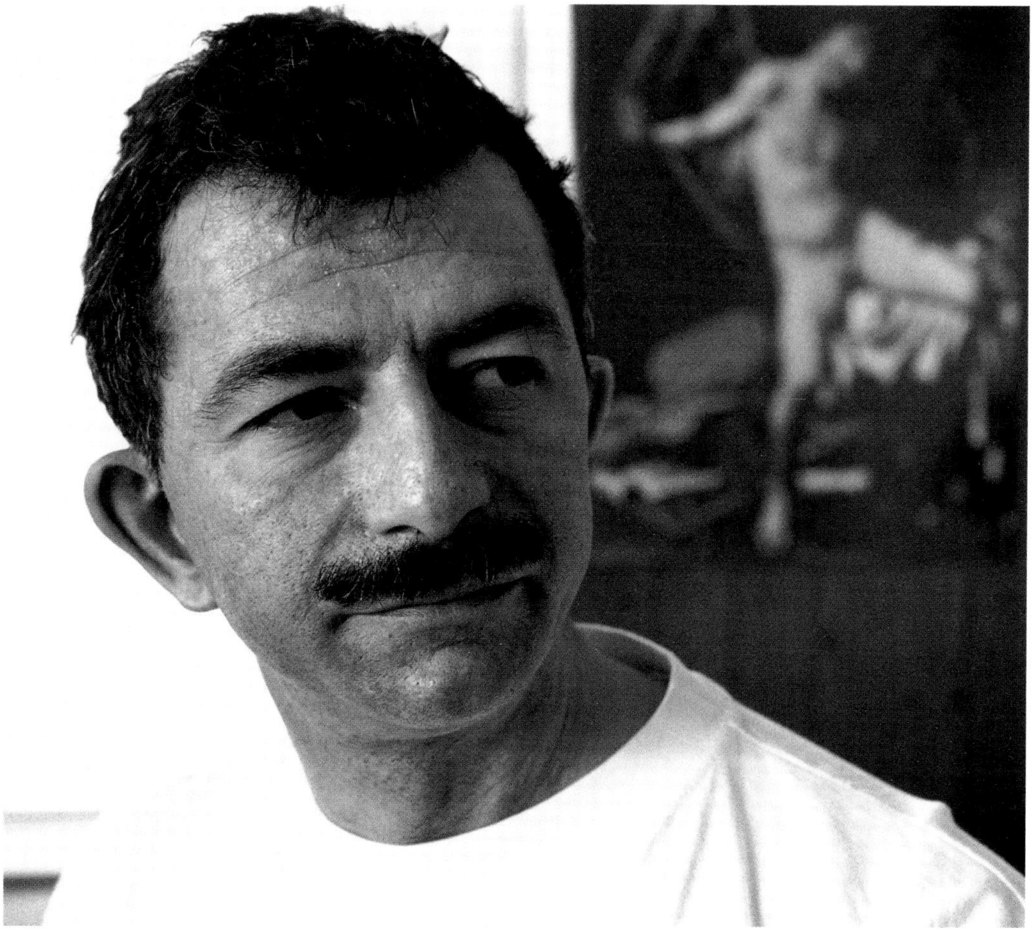

Christoph Geiser

Lebensdaten

Geboren 1949 in Basel. Matura am Humanistischen Gymnasium; abgebrochenes Soziologie-Studium; journalistische Tätigkeit. Seit 1978 freiberuflicher Schriftsteller. Lebt in Bern.

Auszeichnungen

Werkbeiträge der Schweizer Kulturstiftung Pro Helvetia; diverse Buchpreise der Stadt und des Kantons Bern, sowie der Schweizerischen Schillerstiftung; 1983 Kunstpreis des Lyons Club Basel; 1984 Basler Literaturpreis; 1992 Literaturpreis der Stadt Bern.

Auslandaufenthalte

1980 als German-Writer-in-Residence am Oberlin College, Ohio, USA; 1982 anlässlich der Writers-Week in Adelaide Lesereise durch Australien; 1983/84 mit einem DAAD-Stipendium Gast des Berliner Künstlerprogramms in Berlin; 1990 London-Stipendium der Zuger Kulturstiftung Landis & Gyr; 1991–92 mit einem Stipendium des Kantons Bern Résident an der Cité Internationale des Arts in Paris.

Mitgliedschaften

Schweizer Autorinnen und Autoren Gruppe Olten; Berner Schriftstellerverein; Deutschschweizer PEN-Zentrum; korrespondierendes Mitglied der Deutschen Akademie für Sprache und Dichtung, Darmstadt.

Publikationen

Bessere Zeiten, Lyrik & Prosa, Zürich: Regenbogen-Reihe, 1968; *Mitteilung an Mitgefangene*, Lyrik, Basel: Lenos, 1971; *Hier steht alles unter Denkmalschutz*, Prosa, Basel: Lenos, 1972; *Warnung für Tiefflieger*, Lyrik & Prosa, Basel: Lenos, 1974; *Zimmer mit Frühstück*, Erzählung, Basel: Lenos, 1975 [auch estnisch]; *Grünsee*, Roman, Zürich/Köln: Benziger, 1978; *Brachland*, Roman, Zürich/Köln: Benziger, 1980 [auch frz. und ital.]; *Disziplinen*, Erzählungen, Basel: Lenos, 1982; *Wüstenfahrt*, Roman, Zürich/Frauenfeld: Nagel & Kimche, 1984; *Das geheime Fieber*, Roman, Zürich/Frauenfeld: Nagel & Kimche, 1987; *Das Gefängnis der Wünsche*, Roman, Zürich/Frauenfeld: Nagel & Kimche, 1992; *Wunschangst*, Erzählungen, Hamburg: Männerschwarm Skript, 1993; *Kahn, Knaben, schnelle Fahrt. Eine Fantasie*, Zürich/Frauenfeld: Nagel & Kimche, 1995.

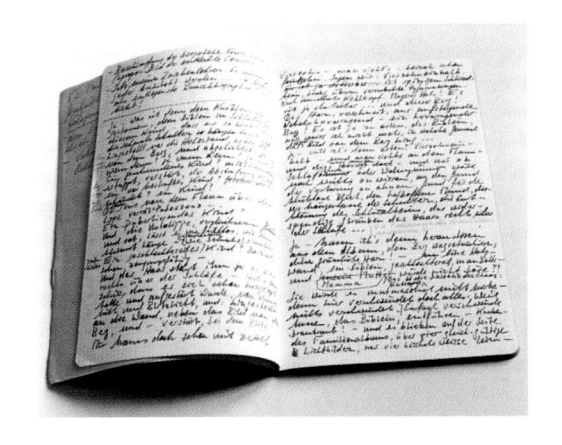

» Was ist denn dem Knaben zugestoßen, dem Knäblein im Schlafanzug, diesem Kind, daß es so blickt wie ins Leere, die schmalen Schultern so hängen läßt, so hingestellt vor die Holzwand, neben das Lichtbild von dem berühmten Berg, und so abgelichtet – von wem denn? Was ist denn?

Dresche gekriegt? Nein. Eher als stünde die Züchtigung erst bevor, als wäre mit Strafe zu rechnen – und man wär's längst gewöhnt: ertappt, zur Rede gestellt, stumm bleiben, denn alle Gegenrede wäre ja sinnlos; von einem Machtwort getroffen; abgelichtet für die Kartei, erkennungsdienstlich behandelt. Ein strafbares Kind? und es hätte gar nichts zu sagen? die Sprache verloren? Ein Schulkind, das Vokabeln aufsagen soll, und es hätte die Wörter vergessen, alle Wörter vergessen, alles Gelernte vergessen, die Mathematikarbeit zu lösen vergessen, alle Aufgaben vergessen – die Badehose vergessen, den Turnsack verloren, die Freiübungen verpatzt, den Bocksprung verfehlt – ein fehlbares Kind – denn es will nicht? es kann nicht? will keine Bocksprünge machen, will sich nicht anziehn, nicht ausziehn, vor dem Schularzt, dem Kinderarzt – vor der Impfung, der Musterung – vor dem Exekutionskommando, im Fadenkreuz schon, zum Abschuß frei, in einem Alptraum – aus einem Traum aufgestört – und erschrocken? sprachlos? Nichts als ein Kind? der Natur gemäß schreckhaft, strafbar und sprachlos?

Der dünne Strich grauen Flaums über der Lippe verrät den Beginn der Geschlechtsreife; eine schmale Lippe, wie angespannt, um die Zähne zu verdecken. Die Unterlippe, vergleichsweise fleischig und rot, läßt er unwillkürlich hängen, der Knabe, beinahe sinnlich –

Und man sähe es nicht?

Das Haar steht dir ja zu Berg! Zum Berge hin sträubt sich das Haar dir, so daß es einen Schatten wirft auf das Lichtbild im Bild, rechts über der Schläfe, Indiz, daß das Kind sich schon hingelegt hatte, denn man schläft unwillkürlich auf der rechten Seite, zur Vermeidung des Drucks auf dem Herzen, das den Schlaf stört mit seinem dumpf pochenden Schlag, und aufgestört wurde; kaum hingelegt, schon gestört; von Kunstlicht und Blitzlicht; und: an die Wand gestellt! da, neben das Bild von dem Berg! und –

Nichts als ein Blitz? Von Gewalt keine Spur?

Vierzehn, beinahe schon fünfzehn. Sagen wir: vierzehneinhalb. Mit spitzigem Schlüsselbein, links überm achtlos verrutschten Pyjamakragen; der Kehlkopf noch flach; magerer Hals. Schmächtiger Bub! Du bist ja datierbar ... und dieser Berg! Das Horn, verschneit, aus aufsteigenden Nebeln ragend, ein hervorragender Berg! Sogleich zu orten. Nur weiß ich nicht mehr, in welchem Zimmer das Bild von dem Berg hing. Womöglich in allen!

Orten? Warum denn? Vierzehneinhalb, und man sieht's, und das muß genügen. Und nur ob Schlaf- oder Wohnzimmer wäre unter Umständen noch wichtig zu wissen – und welches Schlafzimmer um den Grund der Verstörung zu ahnen, Grund für den blicklosen Blick wie auf niemand und nichts, Grund für den halboffenen Mund, dieses Hängenlassen der Schultern, die achtlose Entblößung des Schlüsselbeins links, das widerborstige Sträuben des Haars über der Schläfe –

Ein Grund? Ort? Datum? Warum?

Ja, könnt' ich's herauslösen aus dem Album, den Berg wegretuschieren, das berühmte Horn einschwärzen, es ausradieren mit Gummi, dieses geologische Weltwunder, einen Gummi über das Wunder stülpen: undurchsichtig, schwarz, garantiert reißfest – es bliebe nichts als eine Holzwand, ein Bürschlein, geschlechtsreif, man sieht es – und Mama würde nicht böse?

Sie würde es mutmaßlich nicht merken – bestimmt nicht! – denn hier verschwindet doch alles: weil nichts verschwindet. Die Ordnung des Chaos. Der Entropie vergleichbar. Das Verschwinden der aufbewahrten Gegenstände, ein Verschwinden im Bewahrten. Und so wäre gar nichts verschwunden? Alles spurlos bewahrt? Und so könnt' ich's einfach verschwinden lassen, das Bürschchen? Und so blieben auf jener Seite des Familienalbums zwischen gleichgültigen anderen Lichtbildern nur vier häßliche Leimkrusten von irgendeinem entfernten Bild? Ja, wer hat mir da etwas entführt? würde Mama vorwurfsvoll protestieren. Und wüßte auch nicht mehr, was es war.

Was war's denn?

Vergessen. Das Bürschlein vergessen. Keine Erinnerung an den Augenblick dieser Bloßstellung viel entblößter als bloß – und kein Lächeln. Nicht die Spur eines Lächelns. Ein Blick, der nicht sieht, wer da stört, nicht, wer da stört, sieht der Blick – und man sieht es.

Eine Züchtigung? Bloßstellung eines andern? Die Exekution der Leibesstrafe auf dem Leib eines Schulkameraden aus dem Waisenhaus, denn es traf immer die aus dem Waisenhaus – nicht dich, unberührbares Kind! Und kein Kind mehr. Von Leibesstrafen kann keine Rede mehr sein, es wäre zu einfach. Nicht den Stock aus dem Klassenzimmer der Volksschule, den überlangen aus braunem Rohr, Zeigestock für die Wandtafel und Landkarte eigentlich, siehst du auf dem Gesäß eines Kameraden – tanzen? – denn er bedroht ja nicht dich, nicht mehr – den sehe ich, wenn ich dich sehe, und weiß nicht mehr, ob das Gesäß bloß war oder in der groben, unförmigen Hose der Schulkameraden aus dem Waisenhaus steckte. Das Gesäß sehe ich nicht, und möchte es sehen, wenn ich dich sehe ... siehst du's noch, wenn man dich fragt? Die Rötungen der Haut, die Hand, die den Hosenboden spannt, die Falte im Spalt? Du willst's nicht mehr sehen, wolltest's doch gar nie sehen! Und es fragte dich wer? Ich? Plötzlich?

Mich kannst du ja nicht sehen ...

Eine Verstörung?

»

Aus: *Kahn, Knaben, schnelle Fahrt. Eine Fantasie*
Zürich/Frauenfeld: Nagel & Kimche, 1995

Valentin Hauri

Valentin Hauri

Lebensdaten

Geboren 1954 in in Baden/AG; 1977–81 Kunstgewerbeschule Basel (Malerei bei Franz Fedier); 1982–85 Künstlerhaus Boswil. Lebt seit 1986 als freischaffender Künstler in Zürich.

Auszeichnungen

1981 Stipendium der Kiefer-Hablitzel-Stiftung; 1982 Basler Künstlerstipendium; 1981–82 Cité des Arts, Paris (Stadt Basel); 1985 Werkjahr, Kuratorium für die Förderung des kulturellen Lebens, Kanton Aargau; Eidgenössisches Kunststipendium; 1986, 1987 Eidgenössisches Kunststipendium; 1987–88 Mitglied im Istituto Svizzero in Rom; 1989 Beitrag der Gleyre-Stiftung, Bern; Cité des Arts, Paris (Kanton Aargau); 1990 New York, Atelier der Stadt Zürich; 1992 Druckgraphikpreis, Kuratorium für die Förderung des kulturellen Lebens, Kanton Aargau; 1994–95 London-Stipendium der Zuger Kulturstiftung Landis & Gyr.

Einzelausstellungen (Auswahl)

1985, 1987 Galerie Gisèle Linder, Basel; 1987, 1993 Galerie im Trudelhaus, Baden; 1988, 1996 Galerie Elisabeth Staffelbach, Lenzburg; 1991, 1993, 1995 Galerie Esther Hufschmid, Zürich; 1994, 1996 Galerie Erhard Witzel, Wiesbaden; 1995 Centre PasquArt, Biel.
    Seit 1980 zahlreiche Ausstellungsbeteiligungen im In- und Ausland.

Publikationen

Ich will nicht in den Himmel kommen, Zürich: Brennesselverlag, 1980; *Der Orientteppich*, Boswil: Good morning Press, 1984; *Old Ways*, Basel: Galerie Gisèle Linder, 1987; Nikolaj's Church, Kopenhagen 1987 (Text: Roman Kurzmeyer); *Ein Winter in Rom*, Luzern: Galerie Prosart, 1988 (Text: Konrad Bitterli); *Otto Schizzi per Figure e Dipinti*, Rom: Istituto Svizzero, 1988; *Fireplaces*, Aarau: KIFF, 1991; *All In A Garden Green*, Zürich: Selbstverlag, 1993; *London-Sammlung*, Biel: Centre PasquArt, 1995 (Text: Friederike Kretzen).

Valentin Hauri

Links: *Malerei, o.T.* 1995. Öl auf Leinwand, 50 x 63 cm
Oben: *4 Malereien, o.T.* 1995. Öl auf Leinwand, je 45 x 50 cm

V. Herzog

Josef Herzog

Lebensdaten

Geboren 1939 in Zug. Matura an der Kantonsschule Zug. Ausbildung zum Zeichenlehrer an der Schule für Gestaltung, Luzern. Bis 1986 Unterricht an der Kantonsschule Aarau und an der Kantonsschule Zug. Lebt als freischaffender Künstler in Zug.

Auszeichnungen

1973 Kiefer-Hablitzel-Stipendium; 1976, 1983 Werkjahr, Kuratorium zur Förderung des kulturellen Lebens, Kanton Aargau; 1996 London-Stipendium der Zuger Kulturstiftung Landis & Gyr.

Ausstellungen

1972 Galerie Lock, St. Gallen; 1973 Galerie Raeber, Luzern; 1974 Gemeindegalerie Emmen (mit Ernst Buchwalder und Hugo Suter); 1976 Galerie Halde 36, Aarau; Galerie Lock, St. Gallen; 1977 Galerie Raeber, Luzern; Galerie am Fischmarkt, Zug; 1978 Galerie Lock, St. Gallen; Galerie am Fischmarkt, Zug; 1980 Galerie Severina Teucher, Zürich; 1981 »4.2«, Aargauer Kunsthaus Aarau (mit Christoph Gossweiler, Karl Vetter alias Amaretti und Guido Nussbaum); 1983–84 Galerie Priska Meier, Zell/LU; 1984 Gemeindegalerie Emmen, Emmenbrück (mit Therese Herzog-Hodel und Bruno Scheuermeier); Werkstatt-Galerie Jules Gloor, Aarau; 1985 Galerie 57, Biel (mit Hugo Suter und Christian Rothacher); 1985–86 Galerie in Lenzburg (Gruppenausstellung); 1987 Galerie »am Rindermarkt 26«, Zürich (mit Alois Köchl); 1988 Werkstatt- Galerie Jules Gloor, Aarau; Galerie Priska Meier, Zell/LU; 1989 Galerie Kolin, Zug; Aargauer Kunsthaus Aarau; 1991 ACP Viviane Ehrli Galerie, Zürich; 1992 Galerie ist, Burgdorf; ACP Viviane Ehrli Galerie, Zürich; Galerie g, Freiburg i.Br.; 1993 Talmuseum Engelberg (mit Therese Herzog-Hodel); 1994 Kunsthaus Zug; The Huberte Goote Gallery, Zug; 1995 Galerie im Trudelhaus, Baden.

Josef Herzog

73 Zwei Zeichnungen. *Ohne Titel.* 1995. Bleistift auf Papier, je 29,7 x 21 cm

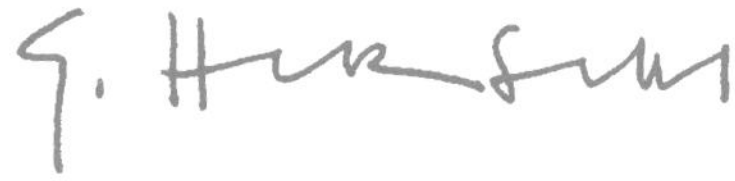

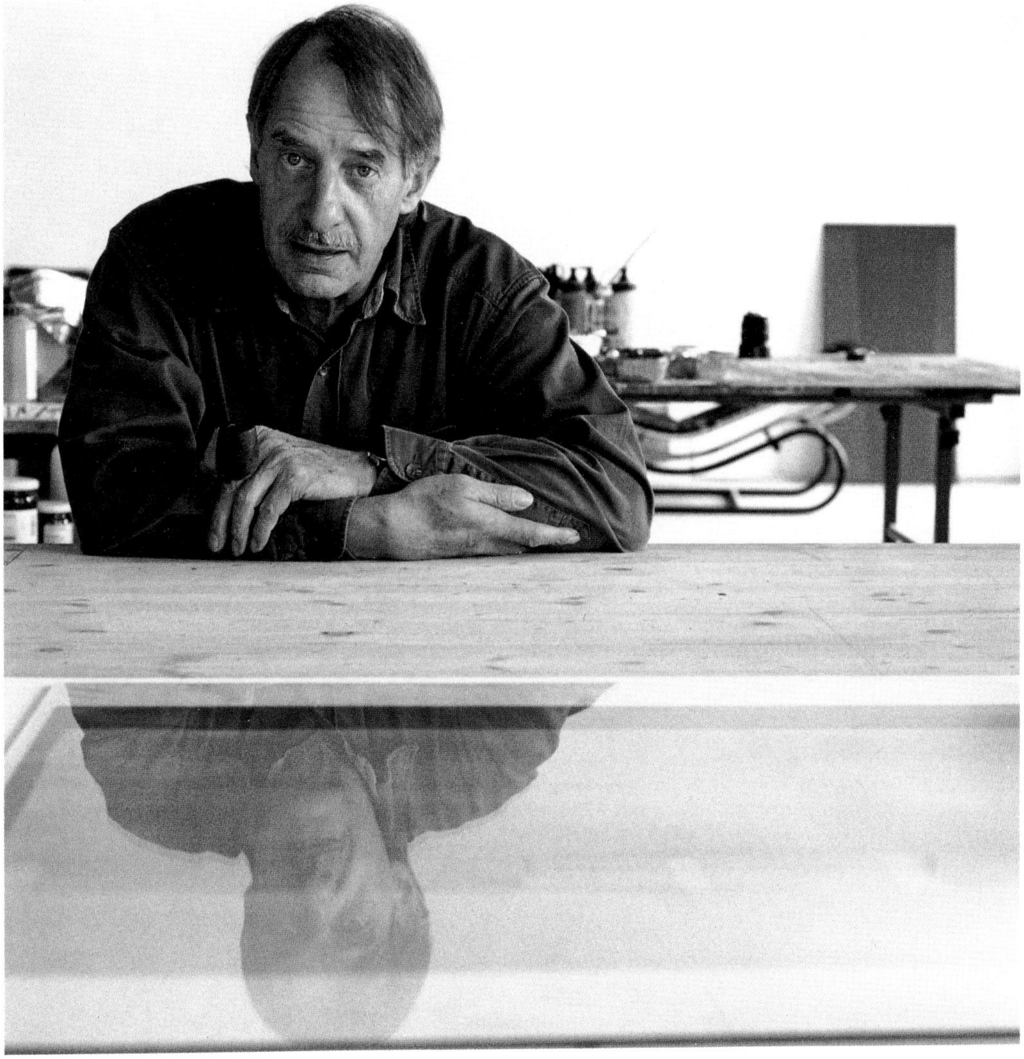

Godi Hirschi

Lebensdaten

Geboren 1932 in Inwil/LU. Philosophie- und Theologiestudium; Schule für Gestaltung, Luzern; Studien in Paris und Rom; Lehrauftrag an der höheren Schule für Gestaltung, Luzern. Seit 1964 Mitglied der GSMBA, Sektion Innerschweiz. Lebt in Root/LU.

Auszeichnungen

1988–89 London-Stipendium der Zuger Kulturstiftung Landis & Gyr in London; 1992 Kunstpreis der Stadt Luzern.

Einzelausstellungen

1973, 1987 Gemeindegalerie Emmen; 1977 Kunstmuseum Luzern; 1981 Galerie Palette, Zürich; 1988, 1992 Galerie Agathe Nisple, St. Gallen (mit Kurt Sigrist); 1990, 1992 Gemeindegalerie Meggen; 1992 Kornschütte Luzern; Trudelhaus, Baden; 1994 Galerie Hannelore Lötscher; 1995 Romero-Haus, Luzern; Raum für Originalgraphik, Alpnach-Dorf; Galerie Krienbach, Kriens.

Gruppenausstellungen (Auswahl)

1974 *Rapport der Innerschweiz*, Helmhaus Zürich; 1976, 1982, 1985, 1988 *Biennale der Schweizer Kunst* (Lausanne, Delémont, Olten, St. Gallen); 1981 *Niklaus von Flüe 1981*, Sachseln; 1986–87 *Constellations*, Hara-Museum, Tokio / Fine Arts Museum, Taipeh / University Museum Tucson, Arizona; 1987 *Blick in die Innerschweiz*, Kammgarn Kulturzentrum, Schaffhausen (in Zusammenarbeit mit Kurt Sigrist); 1994 *Zeichnung Innerschweiz*, Talmuseum Engelberg; mit St. Lukasgesellschaft in München, Brünn und Danzig; mit Anton Egloff in Stolberg und Freiburg i.Br.; mit Peter Hächler im Pfarreizentrum in Lenzburg; 1995 Galerie Costa, Pontresina (mit Hans Schweizer).

Arbeiten im öffentlichen Raum

1988 Kreisspital Ilanz, Kapelle und Aufbahrungsräume (mit Kurt Sigrist); 1988–91 Kath. Kirche Köniz, Gesamtgestaltung (mit Kurt Sigrist); 1991 Kapelle Bodenmatt, Entlebuch, Gesamtgestaltung; 1992–93 SUVA-Verwaltungsgebäude Luzern, Wandmalerei; 1993 Werktagskapelle Bruder Klaus, Kriens, Farbgestaltung; 1993–94 Kath. Kirche Lenzburg, Gesamtgestaltung (mit Architekt Hans Amrein); 1994–95 Pfarreizentrum Alpnach-Dorf, Farbgestaltung; 1994–95 Ökumenischer Andachtsraum Wyden, Malerei (mit Irma Ineichen); 1995–96 Kath. Kirche Tavanasa GR, Glasfenster, Bodenintarsie; 1995–96 Reformierte Kirche Fislisbach AG, Farbgestaltung.

Godi Hirschi

Links: *o.T.* 1995. Mineralfarbe auf Holz, 60 x 30 cm
Oben: Werkstatt. 1995

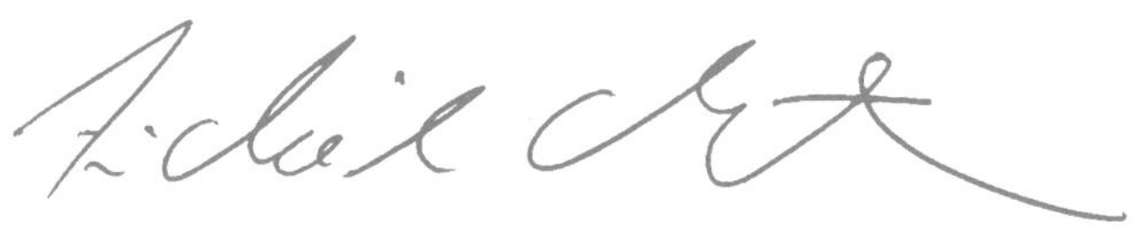

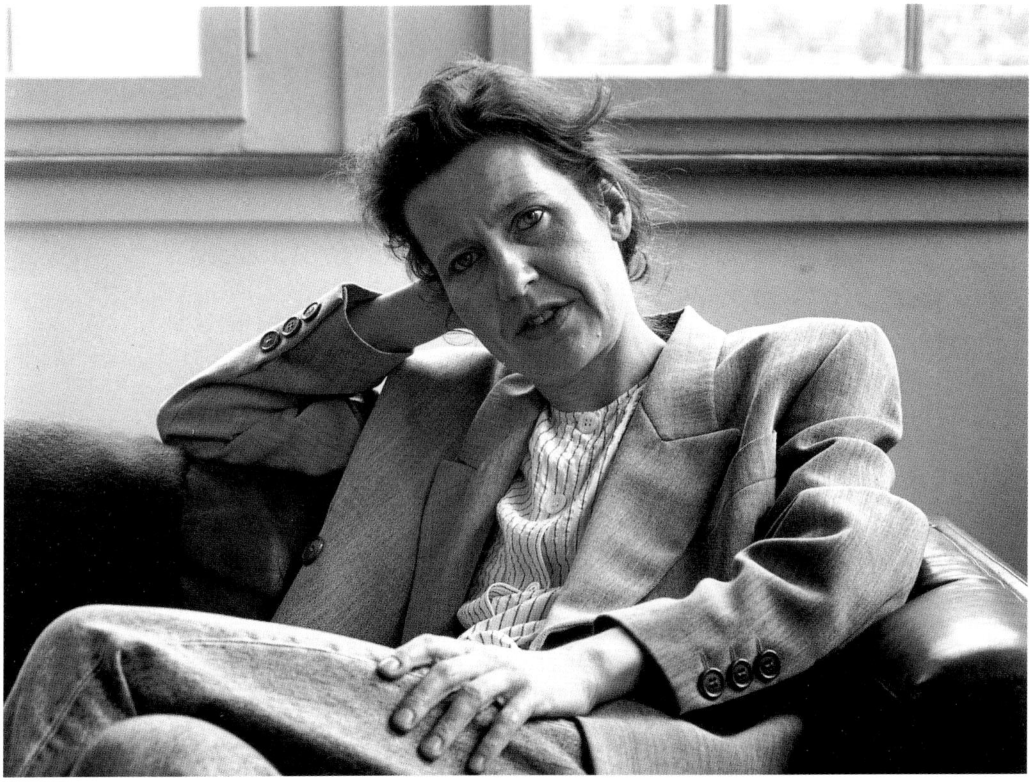

Friederike Kretzen

Lebensdaten

Geboren 1956 in Leverkusen. Studium der Soziologie und Ethnologie in Giessen; Regieassistentin am Stadttheater Giessen und Schauspiellehrwerkstatt Köln; Dramaturgin am Residenz-Theater in München. Während des Studiums erste Veröffentlichungen von Essays und Verfassung von Theatertexten für die eigene Theatergruppe. Lebt seit 1983 als freie Autorin in Basel. Seit 1991 regelmässige Arbeit für Radio DRS 2 und SWF 2.

Neben der schriftstellerischen Arbeit als Literaturkritikerin und als Dozentin an der Volkshochschule Basel und der Schule für Gestaltung in Zürich tätig. Im Sommersemester 1996 an der ETH Leitung der Schreibwerkstatt in Vertretung von Adolf Muschg.

Auszeichnungen

Seit 1988 verschiedene Werkbeiträge: Migros Genossenschaft, Pro Helvetia, Literaturkreditkommissionen Basel Stadt und Basel Land; 1993–94 London-Stipendium der Zuger Kulturstiftung Landis & Gyr; 1995 Werkjahr der Pro Helvetia; 1995 Werkjahr der Stadt Basel.

Publikationen

Die Souffleuse, Roman, Zürich: Nagel & Kimche, 1989 (als Theaterstück uraufgeführt am Zürcher Schauspielhaus, 1990, als Hörspiel bei Radio DRS 2); *Die Probe*, Roman, Zürich: Nagel & Kimche, 1991; *Ihr blöden Weiber*, Roman, Zürich: Nagel & Kimche, 1993; *Pest ist die Frau*, ein Theaterstück, in: *Weiberjahnn*, Hamburg 1994; *Indiander*, Roman, Basel/Köln: Bruckner & Thünker, 1996 [i.V.].

Aufsätze in verschiedenen Textsammlungen zu Simone Weil, Ingeborg Bachmann, Toni Morrison, Stendhal, W.G. Sebald.

Aufsätze in den Zeitungen und Zeitschriften: *Die Philosophin*, *Basler Zeitung*, *WoZ*, *manuskripte*, *ndl*.

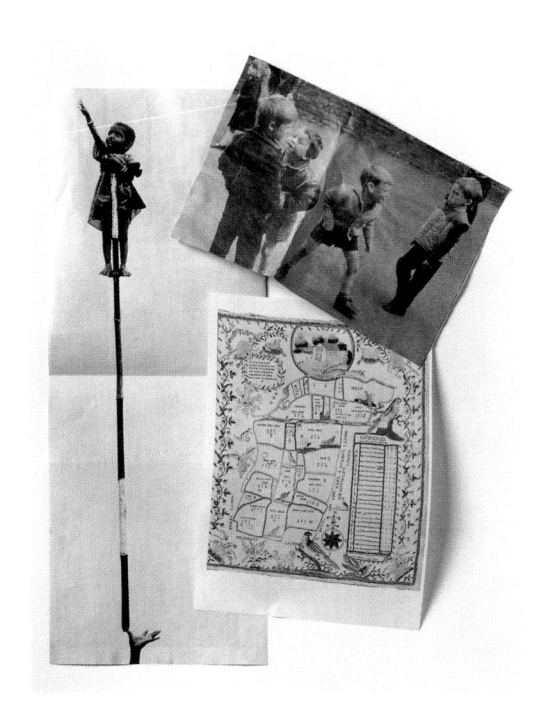

» Hasen schlafen mit offenen Augen, sagt Flaubert. Flughasen schlafen zudem mit hochgestellten Ohren. Und nur in London. Der Flughase ist ein Tier in London. Seit ich ein Jahr dort gelebt habe, schaue ich noch immer so unbestimmt in den Himmel. Noch immer suche ich nach dem Sternbild, dem Sternbild des Flughasen.

Wir kennen alle Geschichten von Hasen, die wie kleine Kinder in die Schule gehen, in der sie ihre Lektionen zu lernen haben und beigebracht bekommen, vor wem sie Angst zu haben haben, und später suchen sie sich eine liebe Osterhäsin und heiraten. Und bei all den Warnungen und Vorschriften, die sie eingeprägt bekommen, ist bestimmt auch die Regel, dass sie nicht auf ein Dach gehen dürfen, denn das ist zu gefährlich, wie die Erwachsenen immer sagen, wenn sie nicht weiter nachdenken wollen, nicht wahr? Und mit dieser Regel im Kopf, eines der roten Ziegelhäuser jeden Tag bzw. jede Nacht vor sich, wenn sie ihren Ausflug in den Garten zu den Dahlienknollen machten, war es um die beiden Brüder Simon und Thomas Hase getan. Denn sie fanden ein Schlupfloch, bis heute weiss keiner, wo, und rein in die Bude, ins Treppenhaus, immer höher, sie haben sich beeilt, unheimlich so ein langer Flur und Treppe durch ein Haus, wo alle schlafen, und wer weiss, wo der Hund wacht, bis sie schliesslich unter dem Dach angekommen waren, und da stand eine Luke auf, und raus mit ihnen. Hoch oben waren sie die ersten Hasen über London und sahen rundum die Welt anders, als sie sie sich ausgemalt hatten. So hat es angefangen. Wie sie nämlich von da oben runtergekommen sind, das besagt ihr Name.

Die Londoner sprechen auch vom Hasenflug, und meinen damit einen besonders wankelmütigen Gang. Diese leicht abfällige Rede vom Hasenflug kaschiert aber nur ihren Stolz über den Londoner Flughasen, den sie fest in ihr Herz geschlossen haben. Sie haben überhaupt eine besondere Art, mit Tieren und auch mit Pflanzen umzugehen. Sie wissen, dass man den Tieren ihre Träume lassen muss. Speziell den Hasen den, zu fliegen. Während sie mit offenen Augen schlafen. Das ewige Träumen. Kann auch eine Krankheit sein. Auch bei Hasen. Sie sitzen am Rand des Rollfelds London Heathrow und sehen den großen Vögeln zu. Ganz apathisch bereits von den Gasen, die die Dinger ausstossen. Den Flugplan haben sie im Blut. Da, die Maschine nach Bombay und weiter nach Calcutta steigt hoch, in diesem orangen Licht. Das orange Licht Londons. Wer braucht da noch einen Mond, oder Sonne und Sterne. Calcutta sehen sie am Himmel stehen, und ihre Ohren zittern, wollen winken, ach, die sehen ja nicht, denken sie und sind betrübt, hier unten festzusitzen, zu mümmeln, wie Hasen tun, und doch so hoch oben zu träumen, ach.

Die Hilflosigkeit der Flughasen ist besonders gross, sie ähneln kleinen Flugzeugen, sind aber Hasen. Manchmal sieht man sie, vom Flugzeug aus, am Pistenrand ganz schnell laufen, wenn sie nämlich träumen zu fliegen, rennen sie ganz schnell. Manchmal werden sie ohnmächtig und verlieren das Augenlicht. Dann müssen sie sich in einen der vielen Parks in Lodon zurückziehen und von was anderem träumen, Tauben oder Kindern oder so. Die Londoner wissen auch über das Schicksal der blind gewordenen Flughasen Bescheid. Und sie haben Mitleid. So kommt es, dass sie, wenn sie nachts, genauer gesagt, kurz nach der Schliessung der Pubs, einen Mann am Boden sitzen sehen, der sich an einem Strassenschild festhält, sich windet und irgendwie, er hat wirklich keine Ahnung wie, wieder auf die Beine zu kommen versucht, – soll er sich ziehen, soll er die Stange wegdrücken, was soll er tun, – zu ihm eilen und ihn fragen, ob er blind sei.

Ich wusste auch nicht, dass es sie gibt. Sie sassen, noch früh am Morgen, auf einer Wiese voller Raureif, gleich hinter Heathrow. Ich war gerade mit dem ersten Flugzeug von Basel gekommen. Rot und ungeheuer dick hatte mich die Sonne im Flug eingeholt. Und nun sass ich in der U-Bahn Richtung East End. Ich fand, sie sahen anders aus als normale Hasen, sie hatten weissen Pelz angesetzt, und ich versuchte, sie zu zählen. Ich glaube, es waren hundertvier. Und mir fiel ein Bild ein, das ich in einem Gartenbuch gesehen hatte, auf dem ein Garten abgebildet war, der nur aus Hasen bestand. Und auch auf diesem Bild, so schien es mir jedenfalls in der Erinnerung, leuchtete dieses orange-gelbe Licht, das sich in London, sobald es anfängt, dunkel zu werden, breit macht. Es ist das Licht des O'Leary Square, gleich um die Ecke Smithy Street und dahinter der Durchgang zur Whitechapel Road, wo ich beim Bäcker die jüdischen Feiertage kennenlernte, und zwar am eigenen Leib: plötzlich ist der Laden zu. Das gelborange Licht des O'Leary Square, am Abend einer jener seltenen Tage, an denen es geschneit hatte und nur wenige waren zur Arbeit gekommen, wie der Radiosender berichtete, der sich »The Voice of London« nennt, und die Schulkinder rutschten und fielen auf ihren dünnen Sohlen über den Strassenübergang vorm Fenster, der zusätzliches Gelblicht spendete, – an diesem Abend sollte auf dem Platz, da er mein Lieblingsplatz in London ist, ein Bild von mir auf diesem Platz photographiert werden. In der ersten halben Stunde bekam der Photograph den Strom vom indischen Newsagent. Als der seinen Laden schloss, bekam er für eine weitere halbe Stunde den Strom von den Eltern des Newsagent, die einen Lebensmittelladen am gleichen Platz haben. Doch dann wollten auch sie nach Hause, und er bekam den Strom vom Sikh, der uns in seinem Off Licence Shop stets mit Alkohol versorgte. Allerdings achtete er darauf, dass es nicht zuviel wurde, dann machte er sich Sorgen und mahnte, nicht zuviel zu trinken und auch nicht zuviel zu rauchen. Von ihm bekam der Photograph den Strom für die letzte halbe Stunde Photo vom orange-gelben Licht des O'Leary Square. Ich stand an der gelben Ziegelsteinwand des Chicken-Shops und hatte Zeit, mir den Himmel genau zu besehen. Dies Licht, dachte ich, in diesen Himmel gestreut, ist genau das Fluidum – um es behelfsmässig mal so zu nennen –, das die Flughasen brauchen. Denn sie sind, da London ja eine alte Seefahrerstadt ist, – Scetiere, ich meine, Seefahrertiere. Ja, sie gleiten auf Sternenbahnen, die sie mit ihren hochgestellten Ohren, so dass sich die Lichtstrahlen daran brechen, für die Seefahrer deutlich sichtbar machen. Hier London, London funken sie mit Licht in den Himmel, und auf den Meeren wissen sie wieder Bescheid. Darum schlafen sie auch mit offenen Augen, wegen der Reflektion des Sternenlichts am Boden für die grossen Vögel und aus Vorsicht natürlich.

»

Flughase, Februar 1995
Erstdruck in: *NZZ*, 7.3.1995; erweitert in:
Valentin Hauri. London, Sammlung, Ausst.kat. Centre PasquArt, Biel 1995

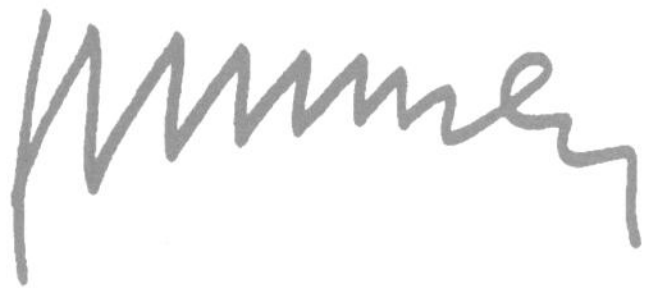

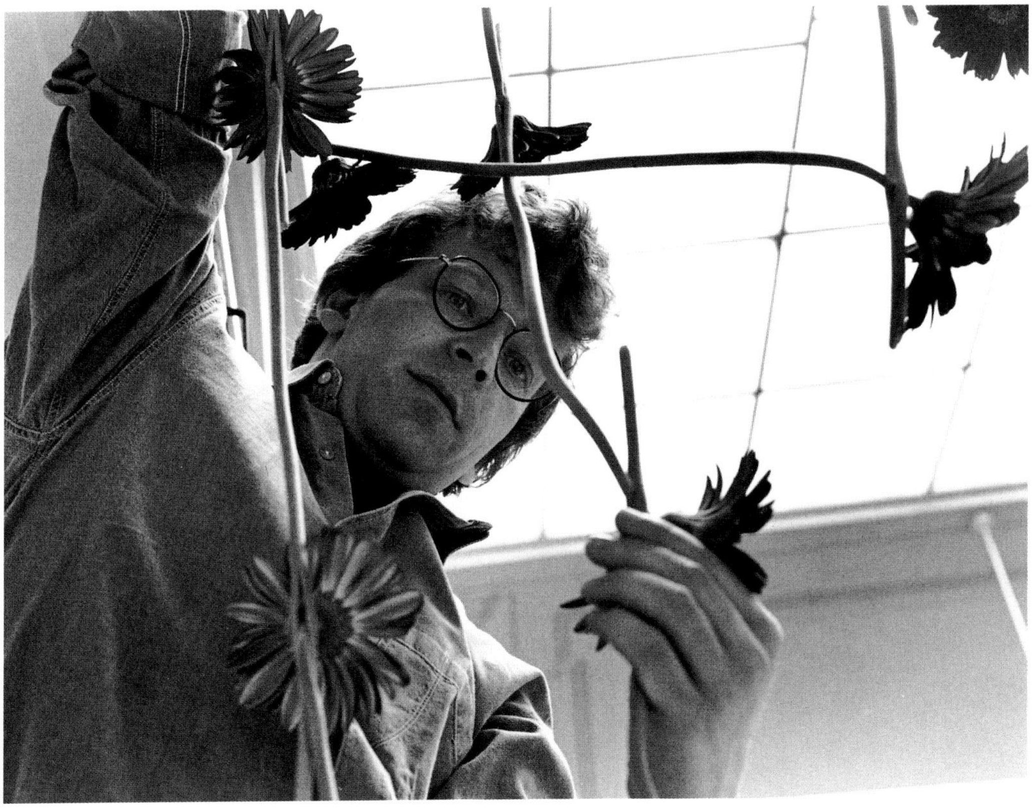

Roman Kurzmeyer

Lebensdaten

Geboren 1961 in Reiden/LU. Studium der Geschichte, der deutschen Literatur- und Sprachwissenschaft sowie der Kunstgeschichte an der Universität Basel. 1990 Lic. phil. (Geschichte). Lebt als freischaffender Kurator und Kunstvermittler in Bottmingen/BL.

Arbeitsschwerpunkte

Konzeption und Durchführung von Ausstellungen zur Kunst des 20. Jahrhunderts mit begleitenden Publikationen; Mitarbeit an Sammlungs- und Ausstellungskatalogen; Publikationen und Aufsätze zur Kunst des 20. Jahrhunderts. Zur Zeit in Arbeit: Studie über den theosophischen Wanderprediger Josua Klein (1867–1945) und seine nicht realisierte Tempelsiedlung in Amden; Ausstellungsverzeichnis Harald Szeemann (gemeinsam mit Tobia Bezzola); Ausstellung *Ost – West* (zeitgenössische Kunst Asiens).

Auszeichnungen

1992–93 London-Stipendium der Zuger Kulturstiftung Landis & Gyr.

Ausstellungen (Auswahl)

1991 *Susanne Fankhauser*, Kunstraum Aarau; 1994 *Fritz Pauli: Maler & Radierer*, Kunsthaus Zug / Civica Galleria d'Arte Villa dei Cedri, Bellinzona; *Where You Were Even Now I* (Anya Gallaccio, Elizabeth Wright, Alison Gajra, Maggie Roberts), Filiale Basel; 1994–95 *Heinrich Anton Müller (1869–1930): Das Gesamtwerk*, Kunstmuseum Bern / Goldie Paley Gallery, Philadelphia / Swiss Institute, New York / Collection de l'Art Brut, Lausanne; 1995 *Where You Were Even Now II* (Anya Gallaccio, Howard Hodgkin, Maggie Roberts), Kunsthalle Winterthur.

Publikationen (Auswahl)

Porträt eines produktiven Unfalls: Adolf Wölfli – Dokumente und Recherchen, Basel/Frankfurt a.M.: Stroemfeld/Nexus, 1993; *Annelies Štrba: Ware Iri Ware Ni Iru*, Galerie Meile, Luzern 1994; *Fritz Pauli: Maler & Radierer*, Basel/Frankfurt a.M.: Stroemfeld/Roter Stern, 1994; *Heinrich Anton Müller (1869–1930): Katalog der Maschinen, Zeichnungen und Schriften*, Basel/Frankfurt a.M.: Stroemfeld/Roter Stern, 1994; »*Where You Were Even Now*«: *Alison Gajra, Anya Gallaccio, Howard Hodgkin, Maggie Roberts, Elizabeth Wright*, Kunsthalle Winterthur 1995.

» Sie sehen von Anya Gallaccio die Installation *now* (1995), eine Blumengirlande aus 365 dunkelroten Gerbera, und von Howard Hodgkin zwei von vier Arbeiten aus einer in der Kunsthalle Winterthur erstmals ausgestellten neuen Serie handbemalter Radierungen.[1] Es handelt sich um verschiedene Fassungen derselben Ansicht Venedigs zu unterschiedlichen Tageszeiten und unter verschiedenen emotionalen Verfassungen, angeregt von Thomas Manns Erzählung »Der Tod in Venedig« (1913). Rechts im Bild *Venice, Morning*, links die den Zyklus abschliessende Radierung *Venice, Night*. Daniel Spehr photographierte diese Werke in der Kunsthalle Winterthur am 13. Mai 1995, dem Eröffnungstag der Ausstellung, die bis am 8. Juli 1995 dauerte. Zu Beginn wurde die Stimmung im grossen Saal geprägt von Dichte und optischer Fülle der Werke, dann änderte sie sich Tag für Tag, da die dörrenden und dunkelnden Blumen sich farblich allmählich mit dem Nachtbild von Howard Hodgkin verbanden.

Anya Gallaccio wurde am 20. Juni 1963 in Glasgow geboren. 1984–1985 studierte sie am Kingston Polytechnic und 1985–1988 am Goldsmiths' College in London. Sie arbeitet mit organischen Materialien (Früchte, Körpersäfte, Blumen, u.a.m.) und schenkt dabei dem Prozess der Selbstverwandlung ihrer Werke besondere Aufmerksamkeit. In ihrem künstlerischen Schaffen kommt der Instabilität und damit der Zeit zentrale Bedeutung zu. An keinem ihrer Werke liess sich dies bislang so gut beobachten wie an ihrem Schokoladeraum *Couverture* (1994): Im Keller eines leerstehenden Wohnhauses in Basel bemalte sie mit einer dickflüssigen Masse aus Schokolade und Kokosfett das verputzte Bruchsteinmauerwerk eines Raumes bis auf etwa zwei Meter Höhe. Dieser Keller ist nur durch eine einfache steile Holztreppe erschlossen, und die Künstlerin entschied sich, in dem vom Eingang am entferntesten gelegenen kleinen Eckraum zu arbeiten. Der Keller ist zwar in unterschiedliche Räume aufgeteilt, diese sind aber nicht durch Türen voneinander abgetrennt. Schon auf der Treppe schlug einem der süsse, aber nicht sofort zu identifizierende Schokoladeduft entgegen. Eine von der Holzdecke hängende Lampe erhellte den bemalten Raum, in dem eine weisse schmale Holzbank stand. Unmittelbar nach der Realisierung im März 1994 hatte das Werk stark skulpturale Qualitäten, im Verlauf des Frühjahrs wurden die Oberflächen immer malerischer und verloren ihre Dichte: das satte, speckige Braun wurde gräulich, und während jenes feuchten Frühsommers bildete sich zunächst grauer und schliesslich in kürzester Zeit gelber, oranger und schwarzer Schimmel. Der verführerische Schokoladeduft wich einem ekelerregenden Schimmelgeruch, der der Betrachtung bald enge zeitliche Grenzen setzte. Im Verlauf des Jahres 1995 verlor das Werk seine Farbigkeit, weisser Schimmel begann sich flächendeckend auszubreiten und den Raum optisch wieder seinem ursprünglichen Zustand zuzuführen.

Howard Hodgkin wurde am 6. August 1932 in London geboren. Ab 1949 studierte er zunächst für ein Jahr an der Camberwell School of Art in London, dann bis 1954 an der Bath Academy of Art in Corsham, wo er anschliessend bis 1966 unterrichtete. 1984 vertrat er Grossbritannien an der Biennale von Venedig, und im folgenden Jahr erhielt er den Turner Preis, die wichtigste Auszeichnung für zeitgenössische Kunst, die

Installation
Kunsthalle Winterthur 1995
(Foto: Daniel Spehr, Basel)

Anya Gallaccio
now. 1995
365 Gerbera (château)

Howard Hodgkin
Venice, Night. 1995
Handbemalte Radierung
2teilig, 157,4 x 195,6 cm

Venice, Morning. 1995
Handbemalte Radierung
16teilig, 157,4 x 195,6 cm

in Grossbritannien verliehen wird. Kennzeichen seiner Malerei sind ästhetische Perfektion, Heiterkeit, Subtilität sowie obsessive Behandlung von Affekt, Zeit und Raum. Bruce Chatwin glaubt, dass die Farbwahl seines Freundes mit dessen genauen Kenntnis und hoher Wertschätzung der indischen Malerei zusammenhänge, die er leidenschaftlich gesammelt hatte. Sehr früh zeichnete sich in seinem Schaffen jener nicht nur in der englischen Malerei, sondern in der zeitgenössischen Kunst ganz allgemein seltene und ungern gesehene Zug ins Geniesserische und Verschwenderische ab, den ich an seiner Malerei so sehr schätze. Hodgkins Gemälde strahlen, sie werben um unsere Gunst. Dies ist ihr eigentlicher Zweck, nicht die Befragung der Natur wie bei dem eine Generation älteren englischen Maler Ivon Hitchens, mit dem Hodgkin stilistisch am ehesten in Verbindung zu bringen wäre.

Gruppenausstellungen sind Versuchsanordnungen. Die Ausstellung der Kunsthalle Winterthur war die erste überhaupt, die das Schaffen von Hodgkin im Kontext einer wesentlich jüngeren Künstlergeneration vorstellte und – bei stilistisch verschiedenen Werken – das Augenmerk auf die Vergleichbarkeit der Intentionen und der Handhabung der künstlerischen Mittel lenkte. Hodgkin wie Gallaccio evozieren in ihrem Schaffen den flüchtigen Augenblick: ihre Werke rufen dazu auf, sich mit Zeit zu beschäftigen. Bei Hodgkin, dem Maler, handelt es sich immer um Momente der Bildzeit, für Gallaccio dagegen charakteristisch sind Verschränkungen von Bild- und Realzeit, wie sie auch in Winterthur zur Wirkung gelangten.

1   Der vorliegende Beitrag nimmt Fragestellungen auf, die mich bei der Konzeption der beiden Ausstellungen britischer Kunst 1994 in der Filiale in Basel und 1995 in der Kunsthalle Winterthur beschäftigten, muss sich aber auf die Besprechung der Werke von zwei der fünf beteiligten Künstlerinnen und Künstler beschränken. Dazu weiterführend vom Verf. vor allem »Potlatsch«, in: *Where You Were Even Now*, Ausst.kat. Kunsthalle Winterthur 1995, S. 6–32.

Gaudenz Meili

Gaudenz Meili

Lebensdaten

Geboren 1937 in Chur. Lebt in Zürich.

Auszeichnungen

1964 Silberner Pharao, Alexandrien; 1972 1. Preis am Internationalen Industrie-Film-Festival, Barcelona (für Auftragsfilm); 1975 Qualitätsprämie des Eidgenössischen Departements des Innern; 1979 2. Preis am Internationalen Industrie-Film-Festival (für Auftragsfilm); 1981 Diplom Travel & Sportfilm-Festival, London; 1983 1. Preis der Wirtschaftsfilmtage, Sparte Video, Graz (für Auftragsfilm); bis 1984 im Rahmen des Auftragsfilmschaffens diverse Auszeichnungen des Eidgenössischen Departements des Innern; 1989 Grand Prix des 7e Festival International du Film sur l'Art, Montréal, und Goldenes Einhorn für den besten Experimentalfilm an der Alpinale, Bludenz; 1995 London-Stipendium der Zuger Kulturstiftung Landis & Gyr.

Filmographie

Bis 1970 Dokumentarfilme und Kulturberichte für das Schweizer Fernsehen; 1964 *Matterhorn-Story* (Auszeichnung Silberner Pharao, Alexandrien); 1968 *Der Fall Karl Stauffer-Bern*, Dokumentarfilm; 1971 *Wir Geometer...*, Film über Kunstwerke von Geisteskranken; 1972 *Der kopflose Falke*, Spielfilm nach Truman Capote, Kleines Fernsehspiel ZDF; 1975 *Der Stumme*, Spielfilm nach Otto F. Walter (Qualitätsprämie EDI); 1977 *Galgenstrick*, Spielfilm nach Franz Werfel, als Gastregisseur des Fernsehens der DDR; 1978 *Kneuss*, Spielfilm nach Beat Brechbühl; 1985 *Os Garimpeiros*, Dokumentarfilm über Goldgräber im Amazonas (Einladung zu der 30. Internationalen Dokumentarfilmwoche, Leipzig); 1988 *Der Neapelfries*, Film über den Künstler Markus Raetz (Grand Prix in Montréal 1989 und Goldenes Einhorn an der Alpinale, Bludenz 1989); 1990 *Giovanni Segantini*, Film über den grossen Alpenmaler (Wettbewerbsbeitrag am 9e Festival International du Film sur l'Art, Montréal 1991); 1992 *Verzauberung auf Zeit*, Filmporträt über den Kurator Harald Szeemann.

- 5 -

Micky Mouse als schwebendes Lichtobjekt und als Skizze in den BUECHERN. Vorstudien für eine anamorphotische Installation. Mit dem Namen MICKY schliessen wir diese Sequenz und gehen über auf das gedrahtete "y" im Neapelfries:

MICKYYYY...

Kamera fährt zu der angedeuteten Landschaft (Bucht von Neapel).

Uebergang auf die dunkel und düster mit Pinsel gemalten Küstenlandschaften (1976). Daran anschliessend die elegisch zarten Bilder, fast Photos gleich aus der Serie "Im Bereich des Möglichen" (auch 1976).

Weiter schreitet die Montage die Jahre zurück und zeigt phantastische Landschaften (1973) die ornamental zerfasern.

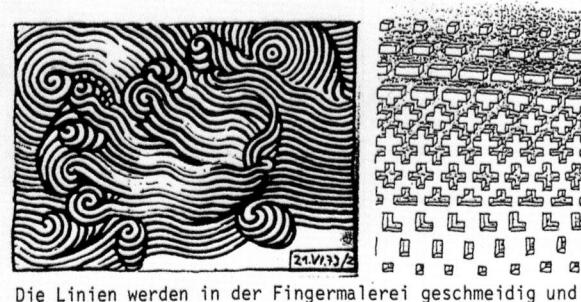

Die Linien werden in der Fingermalerei geschmeidig und rollen sich an ihren Enden ein. Gezopftes Haar entwickelt sich daraus. Zopfmuster als Studien zum Ornament. In den BUECHERN finden sich viele Studien, welche die Formen in der Regel der Wiederholung zeigen. Das geht über mäandergleiche Bänder bis zum durchscheinenden (ornamentalen) Fensterkreuz.

Dieses lässt uns wieder bei der Rune im Fries eintreten.

Gaudenz Meili

– 6 –

Ein Schwenk nach rechts erfasst die Konturen eines Frauenleibs. *Fahrt/Schwenk*

LISI erscheint in vielfältiger Form, nackt in der Pose der Marylin:

NOFRETETE
VENUS VON MILO
VENUS VON WILLENSDORF
MONA LISA
MARYLIN *in Sprache dominant*

18

w. auch bei 21.

Ein Motorradfahrer braust heran. In immerwährenden Kurven umbraust er die posierende LISI. Ihr gefällt's.

19

Ein Phasenbild dieses Töff-Fahrers auf dem Tuch S-Kurve findet sich auch auf dem Neapelfries. Von diesem schwenken wir auf den kleinen Schreitenden. *Echt Kal-Ku*

Wir finden ihn wieder in vielen Skizzen und Zeichnungen. *Strahlenkopf*

Da ist auch LÖU auf einem der Amsterdamer-Tücher. *auch Monika-Tuch*

Auf dem Tuch ICH SEHE EIN BILD bewegen sich einige Figuren auf ihrer einsamen Wanderung: *Details so –*

ICH SEHE EIN BILD

19
20
20A Löu
20B Nowhere

Pyramiden tauchen auf (9-teilige Serie o.T. 1977)

Rasterbilder

Zwei Seiten aus dem Drehbuch *Der Neapelfries*, 1988

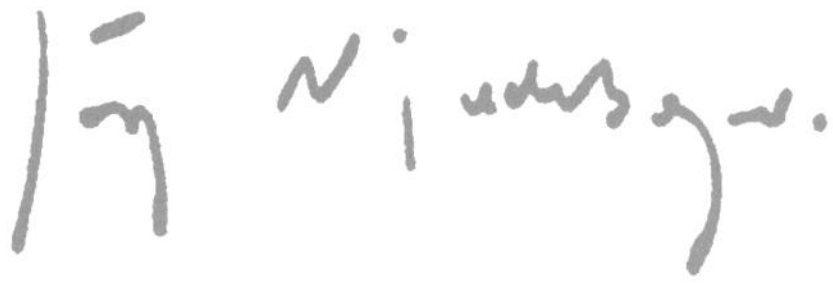

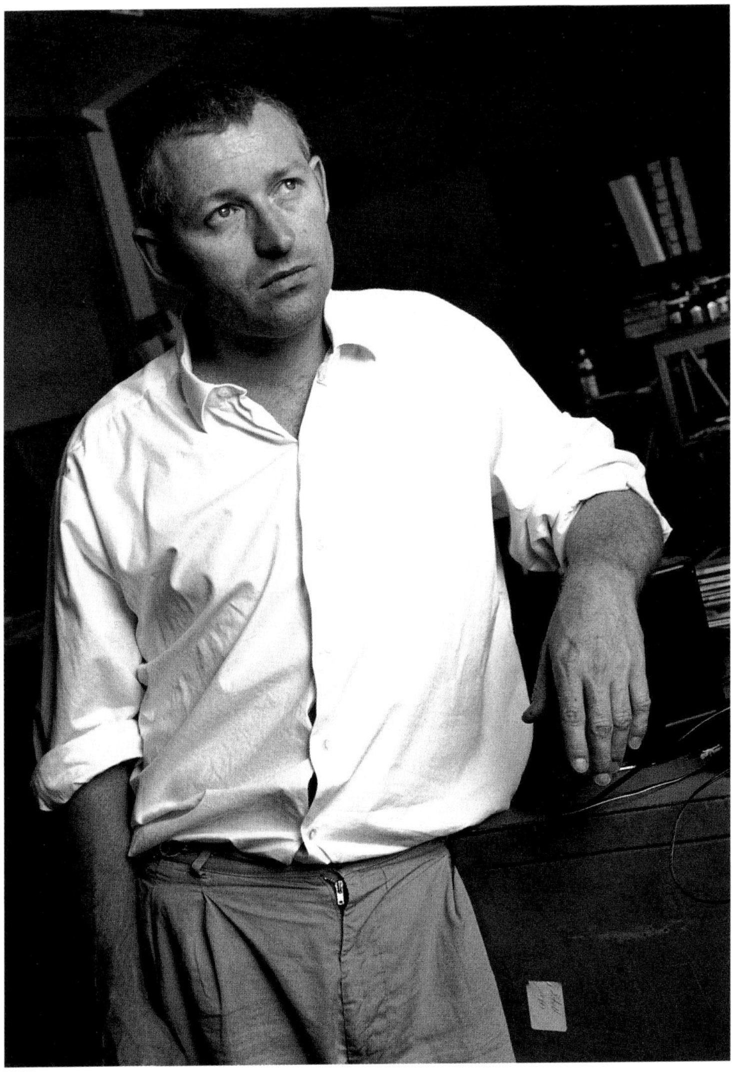

Jörg Niederberger

Lebensdaten

Geboren 1957 in Luzern; 1972–78 Lehrerseminar, Luzern; 1979–83 Schule für Gestaltung, Luzern; 1985–90 Staatliche Kunstakademie, Düsseldorf; seit 1994 künstlerischer Leiter »forumclaque« in Baden. Lebt in Baden/AG.

Auszeichnungen

1987 Kiefer-Hablitzel-Stipendium; Kunststipendium Vordemberge-Gildewart; 1989 Eidgenössisches Kunststipendium; 1990 Josef-Ebinger-Gedenkpreis; 1992 Eidgenössisches Kunststipendium; 1992 London-Stipendium der Zuger Kulturstiftung Landis & Gyr.

Einzelausstellungen

1988 Galerie Apropos, Luzern; 1990 maly:, Düsseldorf; 1991 Chäslager, Stans; Gemeindegalerie, Emmenbrücke; 1992 Galerie a/d Rain, Aarau; 1993 Galerie am Dorfplatz, Stans; Landis & Gyr, Zug (mit Klanginstallation von Valerian Maly).
Zahlreiche Gruppenausstellungen.

Performances, Projekte, Publizistik

1978–87 verschiedene Theaterprojekte (Spieler, Bühne); 1983–85 *astej-Bulletin* (Red.); 1991 *7 Tage* (mit Hildegard Kleeb); *Konfekt* (mit H. Kleeb), in OPENBOX, K.E. Osthaus Museum, Hagen; *an seiner wand fotos. drei oder vier posen* (mit H. Kleeb, Dorothea Rust), Künstlerhaus Boswil; seit 1994 *SEITEN – Zeitung für freies geistiges Schaffen* (Hrsg. u. Red. mit Julie Harboe); *4 : 4* (spartenübergreifendes »Theater«); forumclaque, Baden (div. interdisziplinäre Projekte, mit Julie Harboe); ab 1995 *swiss made* (Internet-Projekt).

Arbeiten im öffentlichen Raum

1989 *Malerei an der Wand*, Gewerbeschule, Bahnhof Luzern.

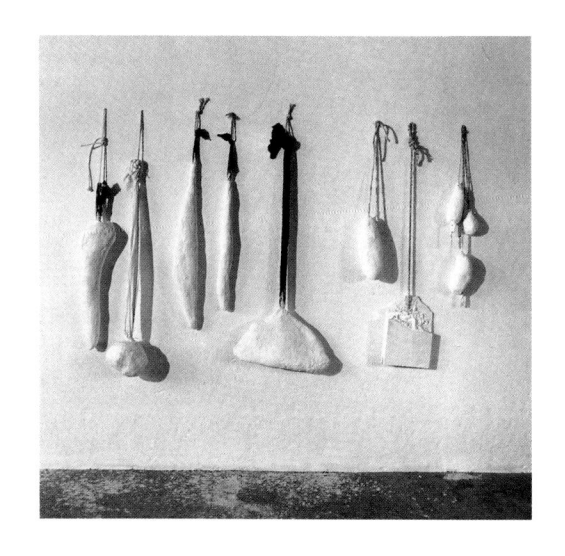

Jörg Niederberger

Links: *PSALMEN – 49 studien für nichts* [28 von 49]. 1991–92
Öl auf Leinwand, je 30 x 40 cm bzw. 40 x 30 cm
Oben: *Ohne Titel.* 1995. Öl auf Nessel, 120 x 140 cm

Niklaus Oberholzer

Niklaus Oberholzer

Lebensdaten

Geboren 1940 in Uznach/SG. Gymnasium mit Matura in Engelberg; Studien in Freiburg i. Ue., Zürich, Wien: Deutsche Literaturgeschichte, Germanistik und Kunstgeschichte; 1967 Studienabschluss mit der Dissertation *Das Michelangelo-Bild in der deutschen Literatur*. Lebt seit 1967 in Horw/LU.

Berufstätigkeit

1967–1974 Redaktor am *Aargauer Volksblatt* in Baden; 1975–1991 Ressortleiter Kultur der Tageszeitung *Vaterland* in Luzern; seit 1991 Ressortleiter Kultur der *Luzerner Zeitung*. Publizistische Begleitung des regionalen und schweizerischen Kulturschaffens mit Schwergewicht Kunstkritik und allgemeine kulturpolitische Themen. Ausserdem verschiedene Publikationen vor allem zur Schweizer Kunst in Zeitschriften, Buchpublikationen und Katalogen.

Auszeichnungen

1993–94 London-Stipendium der Zuger Kulturstiftung Landis & Gyr.

Mitgliedschaften, Ämter

1979–90 Mitglied des vom Bundesrat gewählten Stiftungsrates der Schweizer Kulturstiftung Pro Helvetia; 1981–92 als Delegierter der Schweizer Kulturstiftung Pro Helvetia Mitglied der Eidgenössischen Jury für Qualitätsprämien für Filme (bis 1992).

》 Norman Fosters Einbau des neuen, 1991 zusammen mit der Sackler Gallery vollendeten Treppenhauses zwischen zwei alte Bauteile im Burlington House, der Royal Academy of Arts am Piccadilly: Den engen, etwa fünf Meter breiten Raum – das richtige Wort: eine »Gasse«? – zwischen der rückwärtigen Fassade von Burlington House aus dem 17. Jahrhundert und dem viktorianischen Galerie-Erweiterungsbau gegen Norden beschreiben, den Foster nutzt, um die im obersten Geschoss von Burlington House errichteten Sackler Galleries – früher waren das die Diploma Galleries für die Akademie-Ausstellungen – zu erschliessen...

Das eben war kein einfacher Satz-Anfang, sondern der (wohl misslungene) Versuch, die höchst komplexe architektonische Situation am Piccadilly sprachlich in den Griff zu bekommen. Und weiterführen wird dieser Anfang nicht – höchstens in einen unentwirrbaren Knäuel von Sätzen und Gedanken. Also neu ansetzen.

Der erste Earl of Burlington erbaut 1666 am Piccadilly ein Landhaus im damals modischen Stil, den Inigo Jones in der Palladio-Nachfolge in England begründete. Der dritte Earl of Burlington (1694–1753) ist selber Architekt und modern und neugierig dazu. Er baut im beginnenden Klassizismus so Bedeutendes wie Chiswick House bei London oder die Assembly Rooms in York, überlässt aber die Erneuerung von Burlington House einem der besten englischen Baufachleute seiner Zeit, Colen Campbell, welcher die Hauptfassade neu gestaltet. Im beginnenden 19. Jahrhundert gibt Samuel Ware dem Burlington House eine neue Gartenfassade, und 1867 – seit einem Jahr ist die Royal Academy Mieterin der Liegenschaft – errichtet Sidney Smirke rund fünf Meter nördlich des Palastes eine Galerie-Erweiterung sowie Schulräume und die wuchtige Fassade entlang von Piccadilly. Die Diploma Galleries im obersten Geschoss von Burlington House erfahren 1989–1991 eine völlige Umgestaltung, da sie modernen Qualitätsanforderungen an Kunstausstellungen nicht mehr genügen. Mit der Umgestaltung wird Norman Foster beauftragt, der diese Sackler Galleries, wie sie nun genannt werden, über eine neue Treppenhaus- und Liftanlage erschliesst. [...]

Das eben war vielleicht ein klarer, jedoch dürrer Anfang. Mit all seinem geschichtlichen Ballast ist er überhaupt nicht dem Gedanken eines Architekturerlebnisses angemessen. Ob jedoch die präzise Beschreibung der Grundlagen nicht den Anfang bilden muss? Und die Beschreibung der Architektur selber? Das erst wird die Schwierigkeiten der sprachlichen Annäherung an die Architektur an den Tag bringen.

Unten beginnen? Man betritt nach dem Durchschreiten des Hofes, in dessen Mitte auf hohem Sockel der erste Academy-Präsident Reynolds steht, die prunkvolle Eingangshalle von Burlington House, von der eine stattliche barocke Treppenanlage ins Hauptgeschoss führt. Man geht nicht die Treppe hoch, sondern gerade aus daran vorbei – und steht in dieser »Gasse« zwischen den beiden Bauten. Rechts ist der gläserne Lift als Zugang zu den Sackler Galleries im obersten Stockwerk, links der Weg zum Restaurant der Academy; links sind Bronzen von Dame Elizabeth Frink, rechts die schwarzen Gips-Originale der Bronzen des Malers, Bildhauers und Akademiepräsidenten Lord Frederic Leighton. Die »Gasse« zwischen der in Sichtbackstein aufgemauerten Fassade Smirkes und dem Quaderwerk der Burlington House-Rückwand ist hoch und schmal und auf diesem untersten Niveau düster – ein Hinterhof. Man fühlt sich eingeengt und will nach oben. Foster führt die auf einfacher weisser Stahlkonstruktion stehenden Zwischenböden nicht bis an diese beiden alten Hauswände heran, sondern fügt zwischen Böden und Wände ein opakes Glas-Band ein. In jenem Teil der »Gasse«, in dem sich der Glas-Lift befindet, fehlen Zwischenböden: Der moderne Einbau in die bestehende, längst zur Geschichte gewordene Situation ist damit sofort einsichtig, transparent und mit einem Blick zu erfassen. Ein Stockwerk höher: Rechts ist neben dem Lift der Zugang zu den mit prächtigen Decken ausgestatteten Privat Rooms im Burlington House mit den Gemälden der Academy-Sammlung, links die in elegantem Schwung geführte Treppe ins dritte Geschoss. Die Glas-Stufen auf Stahlkonstruktion wirken leicht und durchsichtig. Das schafft Beziehung nach unten und oben und zu den beiden Hauswänden, deren Ornamentierung gegen oben zunimmt: Okuli mit Voluten, Zahnschnitt und Blendbogenfries unterhalb des Gesimses hinten, vorn kräftigere Akzentuierung der mit Ballustraden und Segmentgiebeln versehenen Fenster. Die Situation hat etwas Absurdes. Man fühlt sich auf einer Gerüsttreppe, denn anders ist eine Fassade in den obern Geschossen aus dieser Nähe nicht zu erleben. Das Licht ist hier intensiver als auf dem untersten Niveau, und beim Betreten des dritten Geschosses ist man geradezu in Licht getaucht: Die Aussenwand der Sackler Galleries, vor denen man sich nun befindet, ist blendend weiss. Die mit einer weissen Textilfolie bespannten Fenster machen den langgestreckten Korridor zu einem Raumkörper aus hellem diffusem Licht, das den Menschen frei atmen und sich auch in freier Bewegung als Teil dieses Raumkörpers erfahren lässt. […]

Ich weiss nicht, ob eine Leserin oder ein Leser sich nach dieser Beschreibung ein korrektes Bild des Erschliessungs-Bauwerkes von Norman Foster machen kann. Und das Erleben dieser Architektur? Wie Raumerlebnisse, das Erfahren meines Körpers im Raum, wiedergeben? Ich bin nicht allein mit dieser Frage: Der Blick in Texte über Architektur zeigt, dass andere mit dem Gleichen kämpfen. Als Ausweg bieten sich Grund- und Aufrisse an, die Illustration also. Nichts gegen die Information über den Weg des Bildes, aber Pläne und Fotos sagen nichts darüber aus, wie ich mich in dieser Zeit mit meinem Körper in diesem Raum bewege und fühle. Da spielt ja weit mehr mit als Höhe und Breite und Winkel und Konstruktion: Das Material und seine Oberflächenbeschaffenheit, die Temperatur, die Geräusche meiner Schritte, das Tempo meiner Gangart, meine Laune, die anderer Menschen und deren Verhalten, deren Bewegungen, deren Stimmen, selbstverständlich deren Aussehen – Haare, Hautfarbe, Kleider und ihr Material und ihre Farbe. Konkret: Wie fühlt sich das Treppengeländer an? Wie schwer lässt sich die Glastür aufstossen? Ist der Glasboden so glatt, dass ich acht geben muss, um nicht auszurutschen? Sitze ich auf der Steinbank bequem? Spiegle ich mich im Glas der Vitrine vor Michelangelos Tondo? Stören die zirkulierenden Leute den Blick auf die römischen Monumental-Fragmente? Zirkulieren sie langsamer als ich, was mir hinderlich vorkommt? Kann ich einen Augenblick allein sein mit den Skulpturen Gibsons? Oder: Schlechte Gerüche der Restaurant-Küche? Bin ich müde oder aufnahmefähig? Aufgeben ob all dieser Fragen? Die Liste ist nicht abschliessend.

Ausschnitt aus einem längeren Manuskript, London 1994

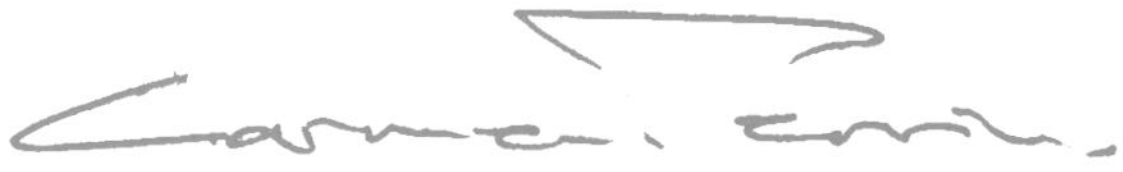

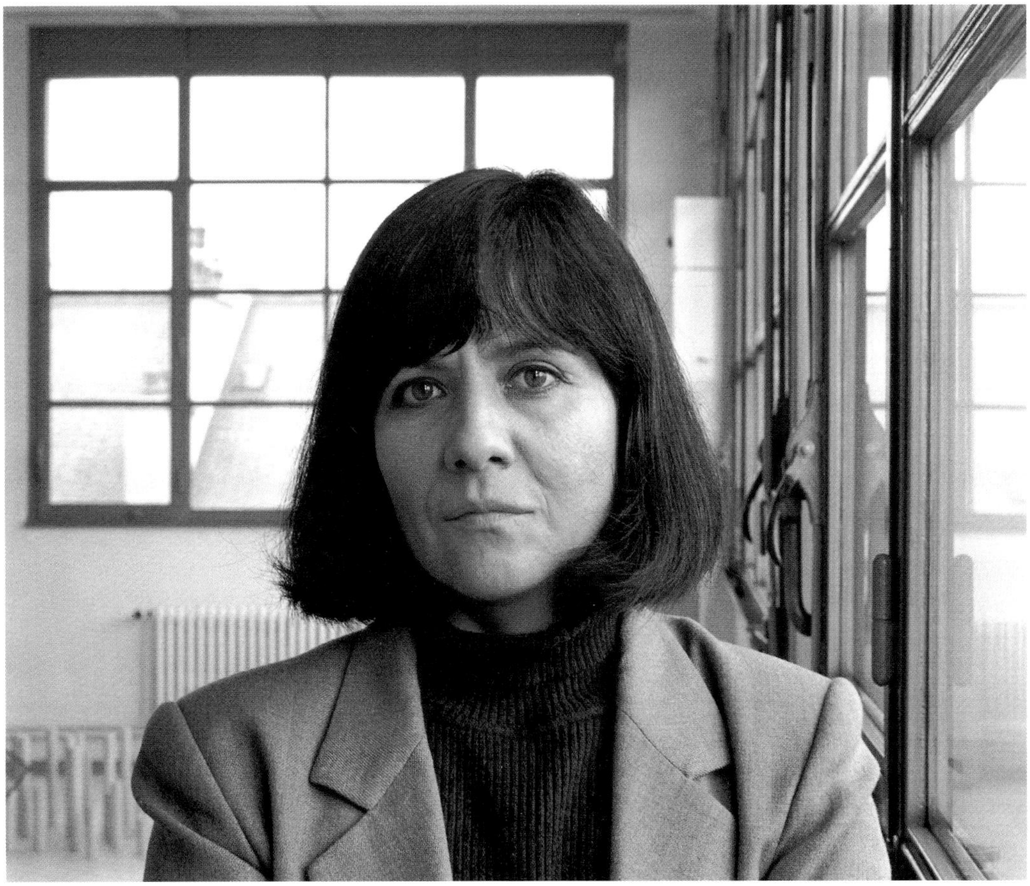

Carmen Perrin

Lebensdaten

Geboren 1953 in La Paz, Bolivien; 1960 Übersiedlung der Familie nach Genf. Ecole Supérieure d'Art Visuel, Genf; 1983 als freischaffende Künstlerin und Dozentin an der ESAV in Genf; seit 1986 Atelier in Marseille. Lebt in Genf und Marseille.

Auszeichnungen

1985, 1986 Eidgenössisches Kunststipendium; 1985, 1986, 1987 Bourse Lissignol, Genf; 1985 Prix Irène Reymond; 1988 Prix culturel *La Placette*; 1989 Preis Trigon '89, Graz; 1992 Preis der Kantonalbank von Genf; 1993 London-Stipendium der Zuger Kulturstiftung Landis & Gyr.

Einzelausstellungen (Auswahl)

1981 *Voir du pays*, Galerie Dioptre, Genf (Kat.); 1984 Palais de l'Athénée, Salle Crosnier (Kat.); 1986–87 APAC Centre d'art contemporain, Nevers / Musée cantonal des Beaux-Arts, Sion / Musée d'art et d'histoire, Fribourg; 1988 Galerie Bob Gysin / Kunsthalle Palazzo, Liestal / Galerie Andata-Ritorno, Genf (Kat.); 1989 Fundació Joan Miró, Barcelona (Kat.); Kunstmuseum des Kantons Thurgau, Ittingen; Galerie Erika + Otto Friedrich, Bern; 1990 Galerie Laage-Salomon, Paris; 1991 Neue Galerie am Landesmuseum Joanneum (Kat.); Galerie CC, Graz; 1992–93 *arbeiten...*, Museum im Bellpark, Kriens / Musée Rath, Genf / John Good Gallery / Swiss Institute, New York (Kat.); 1994 Galerie Laage-Salomon, Paris.

Gruppenausstellungen (Auswahl)

1984 *Juxtapositions 3*, Maison de la culture, Grenoble (Kat.); 1986 *Konfrontationen. 11 Künstler aus der französischen Schweiz in der Altstadt von Tübingen* (Kat.); 1987 *Stiller Nachmittag*, Kunsthaus Zürich (Kat.); 1988 *Skulptur: Material + Abstraktion: 2x5 Positionen*, Aargauer Kunsthaus, Aarau / Musée cantonal des Beaux-Arts, Lausanne / Swiss Institute, New York (Kat.); 1989 *Trigon 89*, Neue Galerie, Graz (Kat.); 1994 Museum of Modern Art, São Paulo.

Arbeiten im öffentlichen Raum

1991 *Der Weg der Schweiz. CH 91*, Brunnen; 1992 Garten der Schule der SKA, Zürich; 1993 *Ligne d'eau*, Lycée des 3 Sources, Bourg-les-Valences; 1995 Rigi Platz, Zug; Central Beher, Apeldoorn bei Amsterdam.

Bühneninstallation für das Ballett *Le Palindrome* von Philippe Saire, Lausanne 1995
Foto: © Mario del Curto, Lignerolle

Carmen Perrin

Links: *Ohne Titel.* 1984. Diverse Materialien, 81 x 274 x 120 cm
Oben: *Ohne Titel.* 1992. Diverse Materialien, 110 x 185 x 90 cm

Walter Pfeiffer

Walter Pfeiffer

Lebensdaten

Geboren 1946 in Beggingen/SH. Schule für Gestaltung, Zürich. Lebt als freischaffender Künstler, Graphiker und Photograph in Zürich.

Auszeichnungen

1972, 1973 Eidgenössisches Kunststipendium; 1977 Stipendium des Kantons Zürich; 1973, 1979 *Die besten Plakate*; 1980 New York-Stipendium der Stadt Zürich; 1981 Steo-Stiftung; 1985 Cité des Arts, Paris; 1989 Genua-Atelier; 1995 London-Stipendium der Zuger Kulturstiftung Landis & Gyr.

Einzelausstellungen

1974 Galerie Li Tobler, Zürich; 1977 Galerie Rehbock, Stein a.Rh.; 1978 Galerie t'venster, Rotterdam Arts Foundation; Galerie Maurer, Zürich; 1979 Aktionsgalerie Bern; 1980 Sodom, München; 1981 *Walterspiel*, Theater im Fass, Schaffhausen (Eigeninszenierung); 1982 St.-Galerie, St. Gallen; Apropos, Luzern; Aquasana, Chur; 1983 Apartment, Genf; Galerie Corinne Hummel, Basel; Institut für Kunstgeschichte der Universität Wien; 1986 Kunsthalle Basel; 1987 Galerie A16, Zürich; Galerie Basta, Lausanne; 1994 Galerie Andy Jllien, Zürich.

Gruppenausstellungen (Auswahl)

1973 *Zürcher Künstler*, Kunsthaus Zürich; *Kunstmacher*, Museum zu Allerheiligen, Schaffhausen; *Neuer Realismus in der Schweiz*, Kunstverein St. Gallen; 1974 *Transformer*, Kunstmuseum Luzern; 1975 9^e Biennale de Paris; 1977 *Zürcher Künstler*, Künstlerhaus Wien; 1979 *Der blaue Berg*, Kunstmuseum Bern; 1980 *Das Sofortbild*, Frankfurter Kunstverein; 1982, 1984, 1987, 1993 Kunstszene Zürich; 1985 *Alles und noch viel mehr*, Kunstmuseum Bern; 1987 *Junge Schweizer Kunst*, Nürnberg; *Steyrischer Herbst*, Graz; 1991 *Videoart*, Kunsthaus Zürich; 1992 *Künstlerbücher*, Kunsthalle St. Gallen; 1995 *International Drawing Triennale*, Wroclaw (Polen); *Von nah*, Kunsthalle Zürich.

Publikationen
(Auswahl)

Inventar – Programm, Zürich: Eigenverlag, 1977; *Walter Pfeiffer (1970–1980)*, Frankfurt a.M.: Betzel, 1980 [G.J.Lischka]; *Pfeiffers Alltag*, Zürich: Der Alltag, 1981 [N. Wyss]; *Das Auge, die Gedanken, unentwegt wandernd* [J.Chr. Ammann, P. Frey], Zürich: Nachbar der Welt, 1986. Zahlreiche Beiträge in Ausstellungskatalogen und Zeitschriften.

Walter Pfeiffer

Ohne Titel. 1993

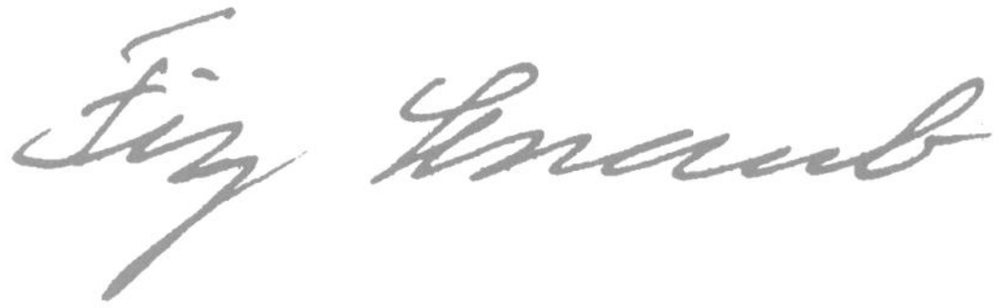

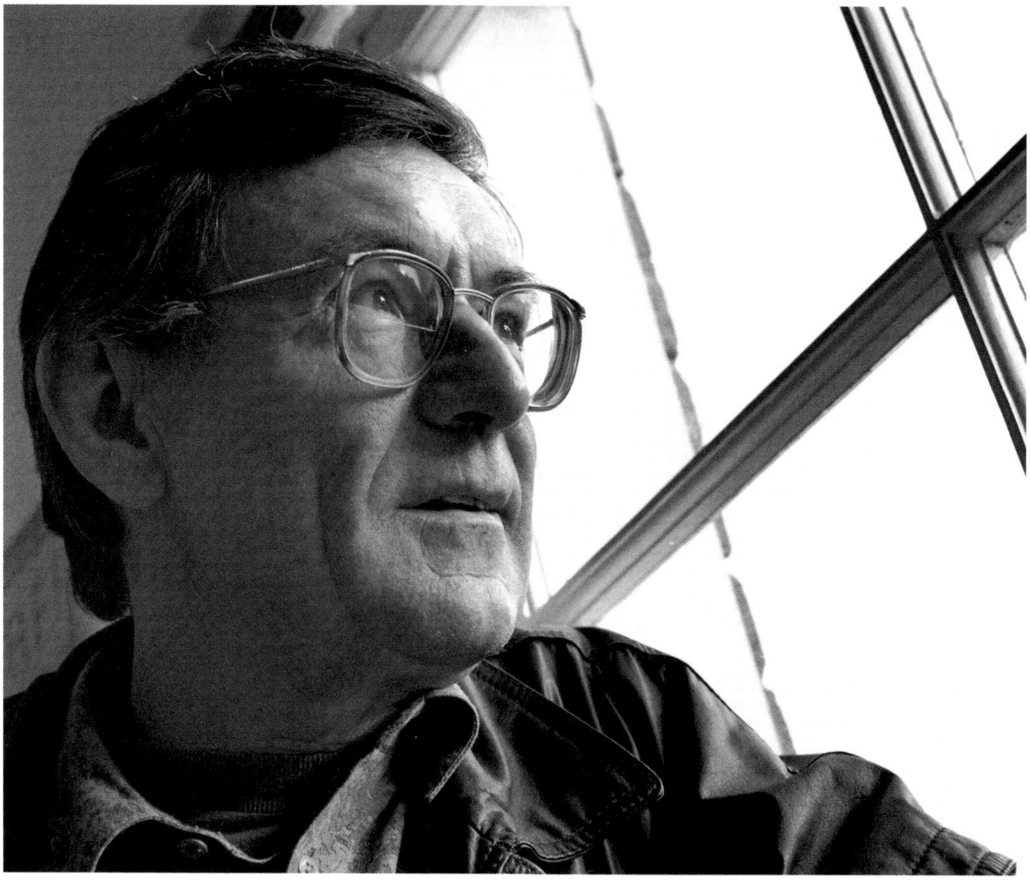

Fritz Schaub

Lebensdaten

Geboren 1936 in Zug. Schulen und Matura in Erstfeld und Luzern; Studium der Germanistik, der Schweizer und Allgemeinen Geschichte an der Universität Zürich, Vorlesungen über Musikwissenschaft, Kunstgeschichte und Philosophie; 1957–58 Studium der französischen Sprache und Literatur an der Universität Caen/F; 1965 Abschluss mit dem Doktorat bei Prof. Emil Staiger (Dissertation über den Schweizer Expressionisten Otto Wirz). 1985 Studienreise USA (Kalifornien) – Mexiko – Belize – Guatemala. Lebt in Luzern.

Berufstätigkeit

Nach vierjähriger Tätigkeit beim Schweizer Fernsehen DRS 1965–66 Kulturredaktor bei der Zeitschrift *Die Woche*; 1967–85 zeichnender Kulturredaktor am *Luzerner Tagblatt*; daneben Mitarbeiter verschiedener Presseorgane im In- und Ausland, u.a. für die *NZZ*; seit 1985 redaktioneller Mitarbeiter beim *Luzerner Tagblatt*, seit 1991 in gleicher Funktion bei der *Luzerner Zeitung*; 1992–95 Redaktor der IRG-Mitteilungen (Mitteilungsblatt der Innerschweizer Radio- und Fernsehgesellschaft). Haupttätigkeitsgebiet ist die Musik- und Theaterkritik.

Mitgliedschaften

1972–95 Mitglied der Programmkommission der IRG; 1972–95 Vorstandsmitglied des Luzerner Theatervereins; seit 1975 Vizepräsident der Carl Spitteler-Stiftung.

Auszeichnungen

1995–96 London-Stipendium der Zuger Kulturstiftung Landis & Gyr.

Publikationen

Zahlreiche Beiträge in Büchern zum Luzerner Musikleben. Selbständige Publikationen: *40 Jahre Konservatorium Luzern*, Luzern 1982; *Festival Strings Lucerne 1956–1986*, Luzern 1986; *Carl Spitteler in Luzern. Eine Würdigung zum 150. Geburtstag des Schweizer Literatur-Nobelpreisträgers*, Luzern: Maihof-Verlag, 1995.

» Kaum bin ich zwei Tage hier in London auf Einladung der Zuger Kulturstiftung Landis & Gyr, schalte ich den Transistor ein. Mein Vorgänger war offensichtlich auch ein Klassikliebhaber, denn das Radio ist auf die Frequenz von Classic Radio FM eingestellt. Ich höre mit halbem Ohr hin, als meine Aufmerksamkeit von einem Wort gefesselt wird: Lucerne. Ich höre wohl nicht recht. Ja doch, da wird für den Abend ein Kammermusikkonzert des »very important Festival of Music Lucerne« angekündigt. Am Abend dann die Bestätigung: Das Mittagskonzert V vom 5. September im Nordsaal des Kunsthauses mit dem Carmina Quartett wird integral in den englischen Äther ausgestrahlt. Der Applaus am Schluss zerstreut meine letzten Zweifel, ob es sich wirklich um eine Live-Aufnahme von den Internationalen Musikfestwochen handelt. Abend für Abend sendet das englische Klassik-Radio zeitverschoben eine Live-Aufnahme der diesjährigem IMF, und ich könnte viele Konzerte, die ich in Luzern verpasst habe, hier am Radio nachholen.

Warum bist Du eigentlich in der Musikstadt London?, geht es mir durch den Kopf. Wenn ich dann die Programme der einzelnen Konzerthäuser studiere, stosse ich auf Namen wie Opera Factory (mit einem Britten/Purcell-Abend in der Queen Elizabeth Hall), Peter Aronsky (der in Horw ansässige Pianist mit einem populären Mozart-Programm im Barbican Centre), Paul Sacher (der 89jährige Basler Mäzen dirigierte in der Queen Elizabeth Hall Werke von Bartók, die in seinem Auftrag entstanden und ihm gewidmet sind), nicht zu vergessen Matthias Bamert (Chefdirigent der Mozart Players), der am 11. Oktober sein erstes Konzert der neuen Saison dirigieren wird.

Die Frage »Warum bist Du eigentlich in London?« ist natürlich nicht ganz ernst gemeint. Denn was ich da an schweizerischer Beteiligung in der englischen Grossstadt zitiert habe, ist nur ein winziger Ausschnitt aus dem immensen kulturellen, insbesondere musikalischen Angebot der britischen Hauptstadt. Es bedeutet »Musikfestwochen in Permanenz«. Oder anders herum gesagt: Was bei uns Musikfestwochen sind, ist hier Konzertalltag.

Allerdings, auch die Londoner haben ihr Musikfestival, und dessen Namen kennt praktisch auch bei uns jedes Kind: die Proms. Ein legendärer, magischer Name. Aber auch mit vielen Missverständnissen behaftet. (Das diesjährige IMF-Thema hat es wahrhaftig in sich.) Proms, Abkürzung für Promenades, Promenaden – schon dieser Titel weckt Assoziationen an leichte Kost, an pompöse Märsche, Hymnen, Salonhaftes, Musik als Berieselung beim Promenieren im Park. Tatsächlich war das erste Konzert vor 100 Jahren (damals noch in der Quenn's Hall, die 1941 von den Bomben der Nazi-Luftwaffe zerstört wurde) eine kuriose Mischung aus nicht weniger als 24 populären Ohrwürmern, Opernausschnitten, Solostücken, Songs und Balladen – gegeben unter dem Titel »Promenade Concerts«, dirigiert von Henry Wood, der während vollen 50 Jahren (bis 1944) diese Konzerte leiten sollte (seine Büste thront während des Festivals jeweils unübersehbar über dem Orchesterpodium der Royal Albert Hall). Zum Teil erinnert die »Last Night of the Proms«, wie das stets am Fernsehen übertragene Schlusskonzert dieses grössten englischen Musikfestivals genannt wird, noch an die damalige Zeit, und von daher wohl hält sich bis heute hartnäckig die oben beschriebene

Fritz Schaub

Vorstellung. Dabei, betrachtet man die Programme der 70 Konzerte des verflossenen Jubiläums-Festivals, sind die Konzerte nichts anderes als Festwochenkonzerte mit Weltklasse-Interpreten und meist sehr anspruchsvollen Programmen (heuer beispielsweise mit sämtlichen Mahler-Sinfonien, dazu viel Zeitgenössischem und klassischer Moderne), mit dem Unterschied, dass sie für den Bruchteil der Preise gehört werden können, die in Salzburg oder Luzern bezahlt werden.

So hörte ich Bartóks *Herzog Blaubarts Burg* in der diesjährigen Salzburger Besetzung (jedoch mit dem London Symphony Orchestra unter Kent Nagano) auf einem sehr guten Logenplatz für 14 Pfund (etwa 27 Franken nach heutigem Kurs). Einen noch besseren und billigeren Platz erhält, wer einen der Stehplätze erwirbt, die eine Stunde vor Konzertbeginn verkauft werden. Das bedeutet allerdings geduldiges Ausharren, was ich am eigenen Leibe erfuhr, als ich mich in die lange Schlange einreihte für das Konzert des Scottish Symphony Orchestra unter Neeme Jaervi (u.a. mit dem wunderschönen Cellokonzert von Edward Elgar). Warum bessere Plätze? Für die Proms werden die Sitze im Parterre entfernt, es entsteht eine Arena, in der man für drei Pfund (knapp sechs Schweizer Franken) stehend das Konzert erleben kann. Das Fassungsvermögen der riesigen Halle erhöht sich auf 7000 bis 8000 Personen. Wie wuchs meine Bewunderung für die Stehplatzbesucher – Promenaders werden sie liebevoll genannt –, die stundenlang für das Konzert mit Bruckners achter Sinfonie unter Günter Wand angestanden waren und dann mäuschenstill die fast anderthalbstündige Sinfonie durchgestanden hatten, als in meinem Konzert mit drei kürzeren Werken und einer längeren Pause dazwischen der Rücken mehr und mehr zu schmerzen begann und ich mich nur noch »retten« konnte, indem ich abwechselnd von einem Bein aufs andere trat.

Schlangestehen mit den Promenaders, Beitrag der Kolumne *Mein London*, in: Luzerner Zeitung, Nr. 223 vom 27.9.1995

Schaller Christoph

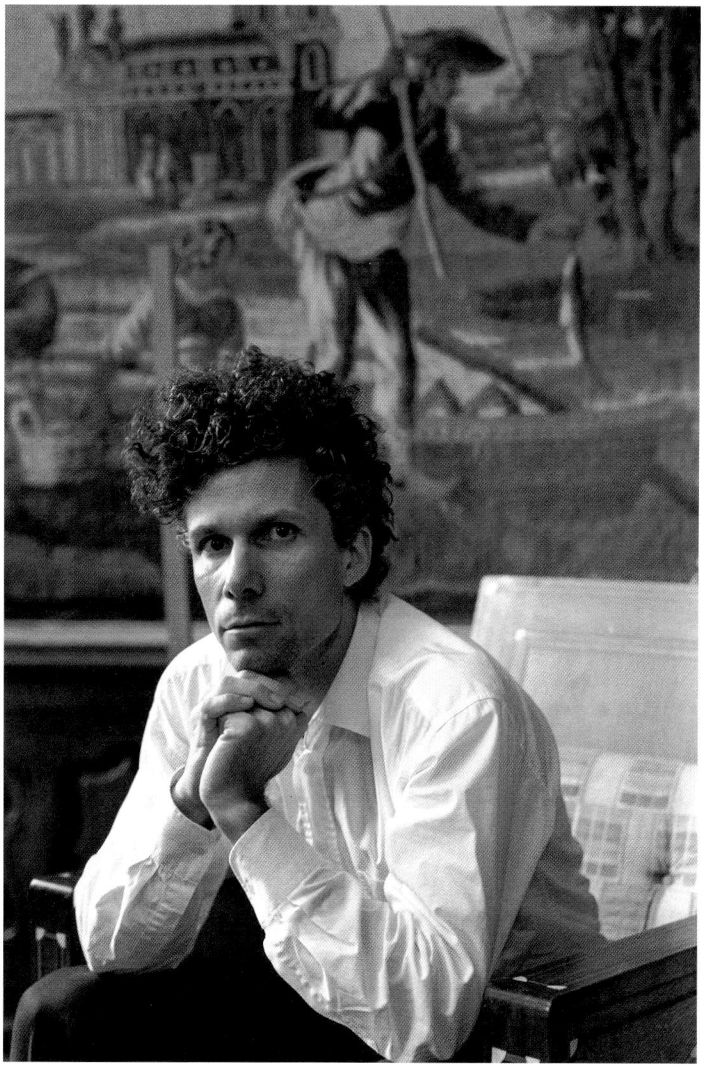

Christoph Schenker

Lebensdaten

Geboren 1957, aufgewachsen in Reussbühl/LU. 1985 Lizentiat in Germanistik, Philosophie und Kunstwissenschaft an der Universität Zürich; Reisen und Aufenthalte in Europa, den USA, in Japan und in Israel. Lebt in Zürich.

Berufstätigkeit

1980–81 Mitarbeit in der Halle für internationale neue Kunst (InK) in Zürich. Ab 1980 Kunstkritik; seit 1983 freier Ausstellungskurator; seit 1987 Dozent für Kunsttheorie und Gegenwartskunst an der Weiterbildungsklasse Bildende Kunst (WBK) der Höheren Schule für Gestaltung, Zürich (HFGZ); seit 1992 Mitarbeiter der Hallen für neue Kunst, Schaffhausen. Kunstpublizist; Vortragstätigkeit; Organisation von Veranstaltungen; diverse Lehraufträge.

Auszeichnungen

1991–92 London-Stipendium der Zuger Kulturstiftung Landis & Gyr; 1993 Beitrag für Kunstkritik vom Bundesamt für Kultur, Bern.

Mitgliedschaften

AICA, Association Internationale des Critiques d'Art; seit 1993 Kommission für bildende Kunst der Stadt Zürich; Kommission des Paul-Valéry-Anerkennungspreises für Gegenwartskunst, New York/Wien/Zürich; diverse temporäre Jurys und Kommissionen.

Publikationen

Zahlreiche monographische und thematische Beiträge in schweizerischen und internationalen Kunstzeitschriften, Ausstellungskatalogen und Büchern in den Bereichen Gegenwartskunst und Kunsttheorie; Herausgeber diverser Ausstellungskataloge.

Beehive Hut. 6. Jahrhundert
Slea Head, Co. Kerry
Foto: Jinnie Fiennes
© 1980, Thompson Price Ltd., Dublin

» Vielen herzlichen Dank für Deine Notiz kürzlich. Ich beginne diese Tage meine Atelierbesuche. Damien Hirst habe ich an Ausstellungeröffnungen naturgemäss schon mehrmals angetroffen. Er war zumeist betrunken. Die Arbeit, die er in *Broken English* (Serpentine Gallery, August 91) gezeigt hat, fand ich nicht sonderlich interessant. Doch ich bin auf seine Arbeit im ICA gespannt. Obwohl die Kunstszene hier in London äusserst lebendig ist und sehr viel geschieht, gibt es wenig eigentliche Ereignisse. Das Niveau der achtstündigen Konferenz vorgestern zum Werk von Gerhard Richter war incredible low, Ausstellungen wie *The Ideal Home* in der Serpentine Gallery sind – sowohl als Konzept wie auch als Inszenierung – schlicht ein Desaster, und die hier zur Zeit herrschende Mode (offensichtlich hauptsächlich vom Goldsmith's College ausgehend), Kunst als schönes, perfekt hergestelltes Objekt zu begreifen, das als solches sich sofort auch als *Kunst*objekt zu erkennen gibt, finde ich irrwitzig. Dieses Kunstwerk legt ein Verständnis seiner selbst als eines lesbaren, illustrativen Gegenstandes nahe, der sich kaum als Instrument für neue Erfahrungen eignet.

Ganz anders also die interessante Arbeit von Bethan Huws im ICA. Du hast mich um meine Meinung gebeten. Ich nehme an, Du weisst bereits, was sie »ausgestellt« hat: Vier Texte, handgeschrieben, A4-Fotokopien, direkt an die vier Längswände der oberen zwei Räume geklebt. Inhalt der Texte: Beschreibung von Sinneseindrücken in einer Landschaft mit See (Wales?). Anfänglich dachte ich, es handle sich hier, da in fast jedem Satz mindestens ein Farbbegriff sich findet, um eine Art Malerei, wie wir sie von Rémy Zauggs kürzlich erschienenem Buch *Entstehung eines Bildwerks* her kennen. Im Kontext jedoch ihrer anderen Arbeiten scheint mir, dass sich die Künstlerin damit einen weiteren Raum in einem weiteren Medium öffnet. Ihr Ansinnen dürfte sein, Raum »schlechthin« über verschiedene Sprachen (d.h. über verschiedene Sensibilitäten) wahrzunehmen und die Beziehung zwischen architektonischem Raum, Landschaftsraum, abstraktem Raum, Gedanken- und Ideenraum zu erfahren. Die ICA-Arbeit wäre somit so etwas wie die Transformation der Erfahrung eines Landschaftsraumes (primär Farbdaten, aber auch Akustisches, Taktiles) im Medium der Wortsprache in das Erleben eines Erinnerungs- und Begriffsraumes (das ist weder ein »abstrakter« Raum noch ein Raum »an sich«). In der Gesamtheit ihrer Arbeiten, die je verschiedene Aspekte verkörpern (nicht beleuchten), sehe ich so etwas wie Raum »überhaupt« aufscheinen.

Aus dieser Perspektive halte ich es für ein sekundäres Problem, ob die Texte in einem Heft oder Buch präsentiert werden, das auf einer Tischfläche liegt, oder mittels loser Blätter, die an die Wände eines architektonischen Raumes geheftet sind, d.h. ob man nun den Boden der ICA-Galerie als Landschaft oder See interpretiert, den Blick aus dem Fenster als Einsicht, den Raum als Bewusstseinsraum etc. Das ist ein Spiel mit Analogien, die bestenfalls die spezifische Differenz unterschiedlich gearteter Räume erkennen lassen.

Es mag vielleicht etwas merkwürdig klingen, und es würde hier auch zu weit gehen, dies im Detail auszuführen – dennoch: Ich sehe Bethan Huws' Arbeit durchaus in der Tradition etwa von Donald Judd (Judds Investigations mittels Skulptur, Huws' Investi-

Bethan Huws
Lake Piece. 1991
Text auf Papier
Je 29 x 21,5 cm
Ausstellung Institute of Contemporary Arts,
London 1991
Courtesy Luis Campaña, Köln

gations mittels realer Räume), andererseits ebenso in der Tradition des English Landscape Garden des 18. und 19. Jahrhunderts. Ludwig Tieck: »Scheinbare Natürlichkeit, doch höchste Künstlichkeit.« Diesbezüglich von Interesse ist für mich insbesondere die Grenze zwischen dem Kulturraum und dem Naturraum. Innerhalb des Gartens fragt man sich – und kann man *sinnvoll* sich ausschliesslich fragen –, *wie* etwas erscheint, ausserhalb wundert man sich darüber, *dass* »es« geschieht; wobei hier das Denken selber sich verliert – sich zu verlieren droht.

Dieses Innerhalb und Ausserhalb des »Gartens« ist auch das, was Gerhard Richter etwa von Imi Knoebel unterscheidet. Richter ist mit seiner Malerei vollends im Sprachenraum drin, während Knoebel auf der Grenzlinie zum Sprachlosen sich bewegt. (Beiliegend findest Du den Text über Knoebels *Schwarzes Bild (No. 15)*, den ich eben für die Galerie Fahnemann verfasst habe.) Die Richter-Ausstellung hier in der Tate Gallery finde ich akzeptabel, obwohl die Hängung stellenweise ungeschickt ist. Insbesondere die Inszenierung der letzten Arbeiten zeugt von einem Verständnis, das offensichtlich keines ist, das den Arbeiten Richters gerecht zu werden vermag.

Du fragst mich, womit ich mich denn sonst noch beschäftige? Den Text *Über den Anbau des Museums in konzeptueller Hinsicht* für die Ausstellung von Stefan Banz in der Kunsthalle Luzern werde ich nicht vor Ende Februar 92 fertig haben. Eingehend befasse ich mich mit den Landschaftsgärten, die ich für das Höchste halte, was die Briten an Kultur hervorgebracht haben. Das Studium von Ludwig Wittgensteins *The Blue Book* wird wohl den ganzen Winter über viel Zeit beanspruchen. Ende Dezember fahre ich nach Dublin, wo ich u.a. den Neffen von James Joyce treffe. Von Dublin aus führt die Reise zunächst in den Süden nach Red Cross, Wicklow, und nach Skibbereen, West Cork, und dann im Westen Irlands wieder gen Norden nach Renvyle, Co Galway.

»

An Barbara, Brief aus London, 9. Dezember 1991

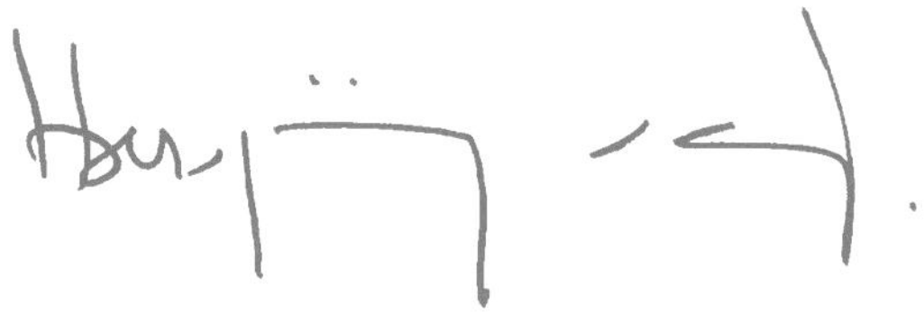

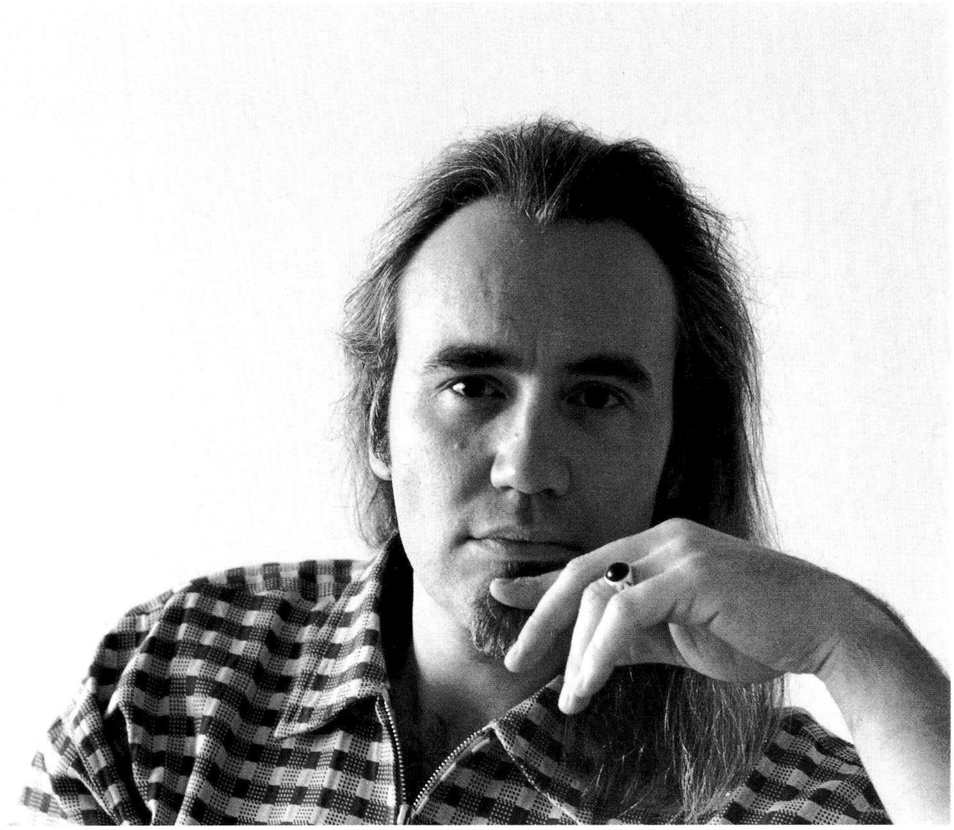

Hansjörg Schertenleib

Lebensdaten

Geboren 1957 in Zürich. Ausbildung zum Schriftsetzer/Typografen; Besuch der Kunstgewerbeschule Zürich. Seit 1981 freier Autor. Für die Spielzeit 1991/92 Hausautor am Theater Basel. Aufenthalte in Norwegen, Wien, London. Lebt in Beinwil am See/AG.

Auszeichnungen (Auswahl)

1981, 1982 Werkjahrbeiträge Kanton und Stadt Zürich; 1983 C.F. Meyer-Preis; 1985 Förderpreis Leonce-und-Lena-Preis; 1988 Preis der Schweizerischen Schillerstiftung; 1989 Hermann-Ganz-Preis; Buchpreis des Kantons Bern; 1992 London-Stipendium der Zuger Kulturstiftung Landis & Gyr; Werkjahr der Pro Helvetia; 1994 Stipendium des Deutschen Literaturfonds; 1995 Förderpreis des Christine-Lavant-Lyrikpreises; Kronichsteiner Literaturpreis.

Theaterstücke, Hörspiele

1982 *Grip*, Radio DRS und ORF; 1984 *In meinem Kopf schreit Einer*, Radio DRS und ORF; 1986 *Im Herzen der Bestie*, Radio WDR, ORF und DRS; 1988 *Stoffmann und Herz*, Stadttheater Luzern; 1992 *Hotel Memory*, Radio WDR, DRS und Belgischer Rundfunk; 1992 *Schilten* (nach dem Roman von H. Burger), Theater Basel; 1993 *Rabenland*, Bayerisches Staatsschauspiel, München; 1993 *Mars* (nach dem Roman von Fritz Zorn), Theater Basel; 1994 *Bacon*. Libretto für das Tanztheater von Ismael Ivo, Theaterhaus Stuttgart.

Publikationen

Grip, 3 Erzählungen, Zürich: Benziger, 1982; *Die Ferienlandschaft*, Roman, Zürich: Benziger, 1983; *Die Prozession der Männer*, 5 Erzählungen, Köln: Kiepenheuer & Witsch, 1985; *Die Geschwister*, Roman, Köln: Kiepenheuer & Witsch, 1988; *Der stumme Gast*, Gedichte, Köln: Kiepenheuer & Witsch, 1989; *Der Antiquar*, Erzählung, Köln: Kiepenheuer & Witsch, 1991; *Das Zimmer der Signora*, Roman, Köln: Kiepenheuer & Witsch, 1996 (i.V.).

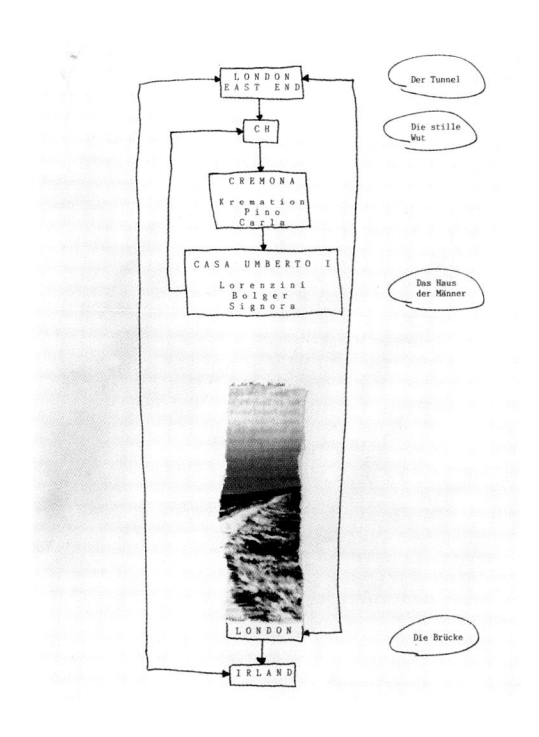

>> Sonne, Staub und Pferdeschweiss.

Das Holz der Gitterstäbe riecht anders als das letzte Mal. Es riecht nach mir, nach meiner Angst. Mein Käfig steht auf einem anderen, grösseren, welcher massiver gebaut ist und den Grund des Hasses und der Angst der Zuschauer gefangenhält. Noch kann ich einzelne Körper erkennen, Frauen, Männer. Ihre Gesichter zeigen Verzückung und vereinzelt Schmerz in Erwartung grosser und gefährlicher Dinge, die geschehen sollen, die geschehen werden.

Ich bin wieder zu früh.

Man wird mich bestrafen müssen, Schläge mit dem Stock, Peitschenhiebe, Verachtung, ich habe es verdient. Auch heute reisse ich nämlich das Gitter vor der Zeit in die Höhe; damit ist er frei, der Löwe. Aufgerissene Augen erkenne ich, aufgerissene Münder, Zungen und Zähne. Was gerufen wird, ist aber nicht zu unterscheiden. Man hört keine einzelnen Schreie, sondern dieses vielstimmige Summen, das wie eine Glocke als Zeichen gemeinsamer Ekstase über der Arena steht. Das Publikum wird wie jedesmal zu diesem Zeitpunkt zur dunklen Masse, die hoch in den wolkenlosen Himmel wächst: Eine Verwandlung, die mich immer wieder verstört. Handflächen reflektieren Sonnenlicht, Schwerter blitzen, Pfeilspitzen. Die Flanken der Pferde sind bebende Stränge, die ich berühren und kneten möchte. Alles geschieht jetzt in rasendem Tempo. Die Situation verändert sich in Bruchteilen von Sekunden, muss ständig neu eingeschätzt werden. Längst ist der Löwe auf seinem Weg in den sicheren Tod. Bewegung kommt in die Masse, breitet sich wellenförmig aus. Wind treibt Sand durch die Arena. Der Löwe dreht sich um, sein Blick zeigt Verwirrung, keinen Hass, nicht einmal Wut. Wie geschieht mir, welche Rolle hat man mir zugedacht? Der Versuch des Löwen, den Ablauf der Ereignisse zu verändern, wird scheitern. Wir alle sind Bestandteile eines Rituales, dessen Ziel der Tod des Löwen ist. An dieser Tatsache ist nichts zu ändern. Weder mit kraftvollen Sprüngen ohne erkennbaren Ansatz, noch mit jenem Brüllen, das die Menge für Augenblicke verstummen lässt. Der Wagen des Königs fährt eine waghalsige Kurve. Schutzschilder glänzen im harten Licht der Sonne. Hunden sträubt sich der Pelz, Bögen werden gespannt, Pfeile auf ihren Weg geschickt. Unbeirrbar, tödlich. Meine Wahrnehmung arbeitet sprunghaft, liefert Bruchstücke. Königliche Quasten. Goldene Beschläge. Bartschmuck. Zaumzeug und Rückenplatten wie die Panzer von Insekten, welche das Unheil bringen. Geblähte Pferdenüstern. Panisch verdreht Augen eines Hengstes. Steckt nicht im Schwanz des Löwen ein Stachel, dessen Stich wie derjenige des Skorpions wirkt? Bestraft nicht seine Stimme jeden mit Taubheit, der sie hört? Das Ritual folgt den Gesetzen. Keiner wird es überleben, kein Löwe.

Ich bin nichts.

Nichts als der Beobachter, der sich in die Szene denkt. Eben noch derjenige, der das Gitter des Löwenkäfigs zum richtigen Zeitpunkt zu öffnen hat, dringt mir jetzt der erste Pfeil in den Pelz, direkt hinter der Schulter.

Ich bin nichts, also kann ich alles sein.

Ich bin niemand, also kann ich jeder sein.

Ich werfe mich herum, fauchend, Feuer im Rachen. Woher habe ich bloss diese Stimme, die den Boden erzittern lässt? Beide Vorderpfoten zur schrecklichen Waffe erhoben, bekomme ich den nächsten Pfeil mitten in die Brust. Tief fährt er mir ins Fleisch. Zittert nach von der Wucht seines Aufpralls mit meinem Körper. Was ich wittere, ist der Geruch meines Blutes. Nun kläffen die Hunde. Aus den Rängen steigt begeistertes Geschrei, ein tiefer Gesang, der den Himmel wie eine Gewitterwolke verdunkelt. Sehnsucht ist die Botschaft dieses Gesangs. Sehnsucht und die Hoffnung, zusammen zu gehören, weil man dasselbe will, meinen Tod. Mein Geruchssinn ist perfekt ausgebildet, meine Nase Quelle grösster Lust und Qual. Hört meine Stimme, die Vögel fallen aus den Bäumen wegen ihr, Herzen stehen still, Flüsse treten über die Ufer. Hier stehe ich, den dritten Pfeil im Gesicht, was fürchtet ihr mich. Stehe mit gespaltener Nasenwurzel hinter dem prachtvollen Wagen von Ashurbanipal, dem König, der meinen Tod braucht, ihm zu Ehren und zum Vergnügen der Masse. Bei Deinem Angriff sei schnell, gefährlich und rücksichtslos. Stosse die Klinge ohne Erbarmen in den Feind. Der Feind, das bin ich. Ashurbanipal gibt mir sein Schwert, ich stehe in seiner Gunst. In seinen Augen sehe ich Entsetzen. Er zieht das Eisen aus mir zurück, mit einem Ruck, besudelt von meinem Blut. Der König ist gross, furchtsam und mächtig. Sein Interesse an mir bringt mir den Tod. Fleisch zu essen ist das Vorrecht der Götter. Fragen stehen mir nicht zu. Ist ein König ein Gott? Ich sterbe, ja. Ich sterbe. Aber ich kriege Dich! Denn wir begegnen uns wieder, in einer anderen Zeit und unter anderen Umständen.

ICH KRIEGE DICH, KÖNIG!

Hatte ich den letzten Satz tatsächlich laut gesagt? Deutsch kann in gewissen Momenten und in gewissen Ländern eine sonderbare Sprache sein. Kalt und hart, von erschreckender mathematischer Klarheit. Die Sprache der Anordnungen und Befehle. Hatte ich nicht italienisch gesprochen? Meine Stimme ist jedenfalls das Eindrucksvollste an mir. Sie ist geschaffen dafür, andere zu erschrecken oder zu erfreuen. Wer meine Stimme am Telefon hört, hält mich in der Regel für älter. Meine Stimme verspricht Reife und Erfahrung. Mich sollte man hören und nicht sehen. Ich bin zu klein und zu schwer für diese Stimme, zu dick. Ich selbst genoss es nie, mich sprechen zu hören. Wahrscheinlich ist dies der Grund, weshalb ich es weder als Schauspieler noch als Sprecher zu etwas gebracht habe. Hatte ich wirklich laut gesprochen? Der Schwarze in Uniform, der bisher im Nebenraum gesessen hatte, erhob sich jedenfalls, rückte seine Mütze zurecht und kam mit misstrauischem Blick auf mich zu.

»Are you OK?« fragte er.

Meine leeren Hände schienen ihn zu beruhigen. Er ging weiter und setzte sich auf einen Stuhl in meinem Rücken. Autorität ausstrahlend, sachliche Kompetenz. Besuchergruppen drängten in den Raum, verdeckten mir die Sicht auf das Relief. Männer und Frauen mit der Ausrüstung ihres Ferienalltages. Schnatternd, mit unruhigen, flüchtigen Blicken ihre Umgebung absuchend und taxierend.

Aus Vorarbeiten zum Roman *Das Zimmer der Signora*
Köln: Kiepenheuer & Witsch, 1996 (i.V.)

Heinz Stahlhut

Heinz Stalder

Lebensdaten

Geboren 1939 in Allenlüften/BE. Primar- und Sekundarschule in Mühleberg; Ausbildung zum Bau-Kunstschlosser an den Lehrwerkstätten der Stadt Bern; Abendgymnasium in Bern; Lehramtskurs in Luzern. Aufenthalte in Finnland, China, Spanien, Graz und London. Seit 1968 als Lehrer in Kriens/LU tätig.

Auszeichnungen

1974 Kleiner Kunstpreis der Stadt Luzern; 1976 Erster Preis im Dramenwettbewerb der zehn Schweizer Städte; 1979 Welti Preis der Schillerstiftung; 1981 Buchpreis der Luzerner Literaturförderung; 1981 Buchpreis der Literaturkommission der Stadt Bern; 1982 Werkjahr der Pro Helvetia; 1985 Buchpreis der Luzerner Literaturförderung; 1986 Buchpreis der Literaturkommission des Kantons Bern; 1989 Werkjahr der Pro Helvetia; 1991–92 London-Stipendium der Zuger Kulturstiftung Landis & Gyr; 1995 Grosser Kunstpreis der Stadt Luzern.

Theaterstücke, Hörspiele, Features

1976 Luzerner Spielleute; 1979 Schauspielhaus Zürich; 1981, 1982, 1983, 1986 Stadttheater Bern; 1981 Stadt Graz; 1988, 1993 Schauspielakademie Zürich; 1991 Ballenberg; Theatergesellschaft Willisau; 1992 Wanderprojekt Kanton Luzern; 1995 Stadttheater Luzern; Il Sogetto.
    1974 Radio DRS Bern; 1990, 1995 Radio DRS Zürich; 1979 Südwestfunk Stuttgart.

Publikationen

ching hei si gnue, Berndeutsche Gedichte, Bern: Benteli, 1969; *angu*, Berndeutsche Kurztexte, Bern: Benteli, 1971; *Das Schweigende Gewicht,* Roman, Reinbek: Rowohlt, 1981; *Marschieren*, Roman, Zürich: Nagel & Kimche, 1984; *Die Hintermänner*, Roman, Zürich: Nagel & Kimche, 1986; *London Journal* [zus. mit Anton Egloff], Poschiavo/Luzern: Edizioni Periferia, 1992; *Europa – ein Hemingwaygefühl?* 14 NZZ-Reportagen, Osnabrück: Fromm, 1994.

» Eintausendzweihundert
und noch ein paar Frauen mehr
boten draussen im East End,
von Whitehall
und Buckingham
weit weg,
weit hinter dem Tower
und jenseits
allen viktorianischen Klassenbewusstseins
ihre Körper
zum Verkauf
und zur Zerstörung an.

Eine weniger
und jeden Tag
ein Dutzend mehr.

Mord
und Totschlag:
Nichts
als Alltäglichkeiten
auf der knappen Quadratmeile
zwischen Brick Lane
und Mile End
draussen in Whitechapel,
wo über die breite Strasse
das Heu für die Pferde im Westen ange-
 karrt,
und das Vieh
zu den Schlachtbänken
getrieben wurde.

In zweiundsechzig
nachgewiesenen
und unzähligen
kaum mehr diesem Namen gerecht wer-
Bordellen   [denden
fand auch der noch Befriedigung,
der selber nicht mehr
als die Frau,
die er kaufte,
besass.

Eine weniger
und jeden Tag
ein Dutzend mehr.

Wer aber war die Frau,
die wie dem Kadaverschlepper,
dem letzten,
verachtetsten von allen ehrlichen Trägern
gemiedenen Bummaree
im Schlachthaus vom Haken gefallen,
im Kot
und Blut
der Schlachtbank
liegengelassen, den Ratten zum Frass?

Wer
war die Frau,
der unter der Aufsicht eines
sichtlich angewiderten Konstablers
zwecks Beschauung
der Leiche
die Kleider vom Leib
gezogen werden mussten.
Macht schon,
macht schon!
Sie beisst nicht mehr,
und bezahlt
wird für ihre Haut,
für ihre nackte Brust
und geifert nicht,
für ihre kranke Scham,
für einmal nichts!

Zwei Alte,
fleckige Haut,
halbblind
und zahnlos,
wissen nicht wohin
mit ihren gichtigen Fingern.

Ein braunroter Überzieher,
kratzender Stoff

und steif vor Schmutz.

Ein abgeschabter,
brauner Rock.

Schwarze,
grobwollene Strümpfe.

Zwei Unterröcke,
grauer Flanell der eine,
wollen der andere.

Unappetitlich beide.
Um den Unterleib
auch blosszulegen,
müssen die Taillenbänder zerschnitten,
die Stützen aus Fischbein
auseinandergerissen werden.

Aufgeschlitzt,
dem offenen,
ausgebluteten,
von Borsten blankgeschabten Hals
einer geschlachteten Sau ähnlicher
als allen lieb,
nun auch der Bauch.
Von links nach rechts,
den Eingeweiden gefährlich nah,
ein breiter, klaffender Schnitt.

Zerstümmelung
wohin sie sahen,
die Männer,
denen der Tod
weiss Gott schon des öftern
mit heraushängender Zunge,
durchschnittener Kehle,
zerstochenem Herzen
und eingeschlagenem Schädel
über den Weg
gebaumelt,
gelegen,

gestreckt
und gestolpert
gekommen war.

Vierzig,
höchstens fünfzig,
sagt Dr. Llewellyn.

Quetschungen am Kinnladen.
Daumenabdrucke links,
Fingermale rechts.
Der Körper
kreuz und quer
mit einem mindestens acht Zoll langen
Schuhmacher
oder Korkschneidemesser
zwischen Magen und Becken
aufs schlimmste malträtiert.
Das Bauchfell hin.

Der Täter
höchstwahrscheinlich
ein Linkshänder.

Ein Kamm,
ein weisses Spitzentaschentuch,
ein zerbrochener Spiegel,
mehr nicht.
Kein Geld,
kein Hinweis auf irgendeine Identität.

Eine weniger
und jeden Tag
ein Dutzend mehr.

Am Mieder des flanellenen Unterrocks
das Zeichen
»Armenhaus Lambeth«.
Aha!

Aus dem Poem *Jack & Ich II*, Originalbeitrag, London 1995

Aurelia Štrba

Annelies Štrba

Lebensdaten

Geboren 1947 in Zug. Lebt und arbeitet in Richterswil/ZH und Melide/TI.

Auszeichnungen

1971, 1972, 1973 Eidgenössisches Stipendium für angewandte Kunst; 1995 Joseph-Ebinger-Gedenkpreis; 1996 London-Stipendium der Zuger Kulturstiftung Landis & Gyr.

Einzelausstellungen

1990 Kunsthalle Zürich (Kat.); 1991 Friedrichshof bei Wien; Grassi Museum, Leipzig (mit Bernhard Schobinger); 1992 Galerie EIGEN+ART, Leipzig; Bananenhalle El Gabrito la Gomera, Kanarische Inseln; Galerie Weisser Elefant, Berlin; Galerie EIGEN+ART, Berlin (Kat.); Galerie van Krimpen, Rotterdam; 1993 Galerie Bob van Orsouw, Zürich; Galerie Susanna Kulli, St. Gallen; 1994 Albers Museum, Bottrop; Kloster Unser Lieben Frauen, Magdeburg (mit Jörg Herold, Kat.); Galerie EIGEN+ART, Berlin; Galerie Meile, Luzern (Kat.).

Gruppenausstellungen

1991 EIGEN+ART bei Kunst-Werke Berlin; 1992 Städtische Galerie, Erlangen; Galerie EIGEN+ART, Berlin; Biennale Sydney; 1993 Kunstmuseum Luzern (Preis der Jury); 1994 Hayward Gallery, London; Steirischer Herbst, Graz; Metropolitan Museum of Photography, Tokio; 1995 Museum Fridericianum, Kassel; 1996 Swiss Institute, New York; *Prospect 96*, Frankfurter Kunstverein.

Publikationen

Sonnensäge, Buch (Schobinger/Štrba), 1988; *Aschewiese*, Katalogbuch (Texte: Bernhard Bürgi und Georg Kohler), Kunsthalle Zürich 1990; *Objekte*, Katalogbuch (Schobinger/Štrba), Galerie Meile, Luzern 1993; *Annelies Štrba* (Text: Roman Kurzmeyer), Galerie Meile, Luzern 1994.
Zahlreiche Veröffentlichungen in schweizerischen und internationalen Zeitungen und Zeitschriften.

Annelies Štrba

Links: *Wuthering Heights*. 1992. Farbphotographie
Oben: *Linda mit Omar*. 1994. Farbphotographie

Sutter

Lukas B. Suter

Lebensdaten

Geboren 1957 in Zürich. Einige Semester Studium der Kunstgeschichte in Zürich; 1980–1987 in Berlin und Köln. Lebt als freischaffender Schriftsteller und Regisseur im Tessin.

Auszeichnungen

1984 Mülheimer Dramatikerpreis für *Schrebers Garten*; 1989 London-Stipendium der Zuger Kulturstiftung Landis & Gyr.

Stücke

1984 *Schrebers Garten*, Theater am Neumarkt, Zürich; *Spelterini hebt ab*, Schillertheater, Berlin; 1986 *Das Luftmeeting zu Brescia*, Hörspiel, RIAS, Berlin; 1988 *Erinnerungen an S.*, Theater Der Kreis, Wien; 1990 *Insel mit Schiffbrüchigen*, Renaissance-Theater, Berlin; 1992 *Kreuz und quer*, Landestheater Tübingen; 1993 *Die Signatur*, Landestheater Tübingen; 1994 *Sushi*, Theaterhaus Gessnerallee, Zürich; *Althusser oder auch nicht*, Landestheater Tübingen; *Shakespeare König Richard III*, Landestheater Tübingen.

Publikationen (Auswahl)

Schrebers Garten, in: Spectaculum 39, 1984; *Spelterini hebt ab*, in: Spectaculum 42, 1986; *Erinnerungen an S.*, in: Spectaculum 45, 1987; *Kreuz und quer*, in: Spectaculum 47, 1988; *Insel mit Schiffbrüchigen*, in: Spectaculum 51, 1991; *Althusser oder auch nicht*, in: Spectaculum 60, 1995 – alle Frankfurt a.M.: Suhrkamp.

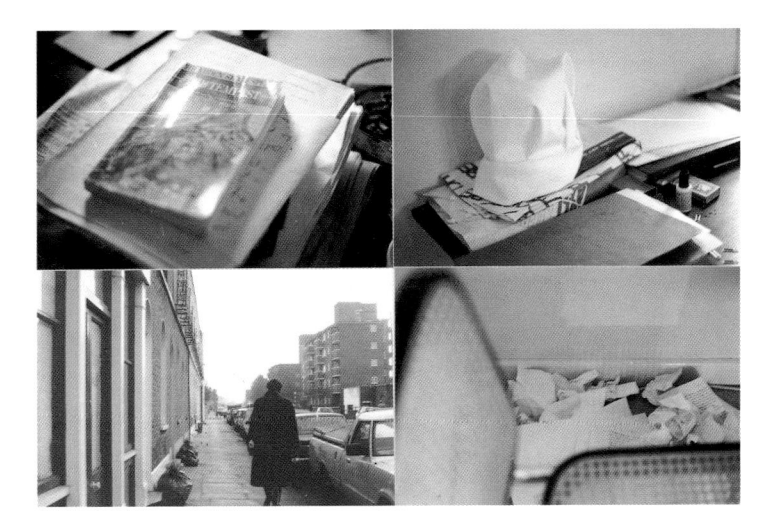

In der Gedächtnislücke eines andern
London 1989

© Sandra Markus

» *Eine Schrift leuchtet auf und erlischt:*

Tropische Kohle

1

Die Insel in einem anderen Licht. Stephano allein.

STEPHANO Ich hab den dringenden Verdacht, ich werd
Beschattet. Wie auch immer, wer auch immer,
Der feig sich in der Dunkelheit versteckt –
Vor mir muss niemand sich verstecken, ich
Lass mit mir reden, bin weder vorbestraft,
Noch Träger ansteckender Krankheiten.
Beruflich hab ich Koch gelernt und bin
In dieser Eigenschaft zur See gegangen.
Mit einem Maschinisten hab ich eine
Schiffskatastrophe unter rätselhaften
Umständen überlebt, auf jeden Fall:
Man hat als schiffbrüchig mich zu behandeln,
Genauso wie den Maschinisten, der
Seltsamerweise sich verflüchtigt hat.
Ich wiederhole: Mit mir kann man reden.
Jedem, der mich hört, mein Ehrenwort...

2

Stephano stolpert über Trinculo.

TRINCULO   Au, Scheisse.
STEPHANO   Was?
TRINCULO   Tritt mir nicht auf die Flossen.
STEPHANO   Trinculo.
TRINCULO   Nein.
STEPHANO   Was nein? Ich bin es, Stephano.
TRINCULO   Ich bin es nicht.
STEPHANO   Sondern?
TRINCULO   Ich fürchte, wir sind ertrunken.
STEPHANO   Hast du getrunken, Trinculo?

TRINCULO	Erstens, wo soll ich hier was zu saufen kriegen, zweitens, waren unsere Kleider völlig trocken wie bei Marks & Spencer an der Oxford Street...
STEPHANO	Und – hat das etwas zu bedeuten?
TRINCULO	Erstens hat es gar nichts zu bedeuten...
STEPHANO	Eben.
TRINCULO	Weil es, zweitens, darauf schliessen lässt, dass diese Insel gar nicht existiert oder, wenn, als mieser Witz in einer dieser Bücherkisten, und, zweitens, Stephano, du hast eine Kochmütze auf dem Koch...
STEPHANO	In meiner Eigenschaft als Schiffskoch auf dem Kopf...
TRINCULO	Au. Bist du verrückt...
STEPHANO	Schmerzempfinden intakt.
TRINCULO	Tritt mir nicht beständig auf die Flossen.
STEPHANO	Nicht ertrunken. Was zu beweisen war.
TRINCULO	Und deine Kochmütze?
STEPHANO	Die sitzt doch tadellos.
TRINCULO	Eben.
STEPHANO	Was?
TRINCULO	Höchst verdächtig.
STEPHANO	Was hast du gegen die?
TRINCULO	Bei einem Schiffbruch ertrinket entweder Koch oder Kochmütze. Ein Koch, den es samt Mütze drauf nach einem Sturm anschwemmt, lässt darauf schliessen, dass es sich dabei um einen Ertrunkenen handelt...
STEPHANO	Du hast die Stirn, mir zu beweisen, dass ich eigentlich ertrunken bin?
TRINCULO	Fünftens, und nicht zuletzt, diese Bibliothek, die ein Kohlenbergwerk ist...
STEPHANO	Lass uns verschwinden.
TRINCULO	Wir sind schon verschwunden.
STEPHANO	Was?
TRINCULO	In der Gedächtnislücke eines andern.
STEPHANO	Nichts wie raus.
TRINCULO	Wie raus. Idiot.
STEPHANO	Das ist ein insulares Kohlenbergwerk. Selber Idiot. Gedächtnislücke.
TRINCULO	Wie raus, wenn der sich nicht erinnert?
STEPHANO	Wir sind da reingekommen, also kommen wir auch wieder raus.
TRINCULO	Stephano. Bleib hier. Da hat uns einer ausgedacht und kann sich jetzt nicht mehr an uns erinnern. Stephano, verquirlte Schifferscheisse...

Stephano ist verschwunden.

> Erstens und zweitens, sechstens, das steht fest –
> Ich wäre mir viel lieber eine Frage,
> Auf die ich keine Antwort finden kann,
> Als eine Antwort, zu der ich die Frage,
> Die sie provoziert hat, nicht mehr weiss.

Er schwimmt davon.

Aus der dritten Szene des Theaterstücks *Insel mit Schiffbrüchigen*, 1990
in: Spectaculum 51, Frankfurt a. M.: Suhrkamp, 1991

Ludmila Vachtová

Ludmila Vachtova

Lebensdaten

Geboren 1933 in Prag. 1954 Doktorat (*Allegorie und Symbol in der tschechischen Barockplastik*) an der Pädagogischen Fakultät und 1963 Doktorat (*František Kupka*) an der Philosophischen Fakultät der Karlsuniversität Prag. Seit 1966 Mitglied AICA. 1971–72 Publikations- und Berufsverbot in der CSSR, aller Ämter enthoben. 1972 legale Emigration in die Schweiz. Seit 1974 freie Kunstpublizistin in Zürich.

Berufstätigkeit

1954–71 Redaktorin der Kunstzeitschriften *Výtvarné umění, Knižní kultura, Výtvarna práce, Umění a řemesla*, Prag; 1963–69 Kuratorin Galerie am Karlsplatz, Prag; 1964–70 Leiterin Galerie Platýz, Prag; 1974–82 NZZ; 1983–89 *Tages-Anzeiger*; seit 1990 *Weltwoche*. Verschiedene Lehraufträge in Prag und Zürich.

Auszeichnungen

1968 Preis des Verlags Odeon, Prag; 1969 Matějček-Preis der tschechischen Kunstkritik; 1978 Zuwendung der Steo-Stiftung, Zürich; 1993 Werkjahr für Kunstkritik des Bundesamtes für Kultur, Bern; 1994–95 Gast der Zuger Kulturstiftung Landis & Gyr in London.

Publikationen, Ausstellungen (Auswahl)

Tschechische Bühnenkostüme, Prag: Artia, 1964; *Der Maler Pravoslav Kotík*, Prag: Obelisk, 1966; *František Kupka*, Prag: Odeon, 1968; *Frank Kupka*, New York: McGraw Hill, 1969; *Varlin*, Frauenfeld: Huber, 1978; *Gottlieb Kurfiss, Maler*, Zürich: ABC, 1981; *Dreissiger Jahre Schweiz: Konstruktive Kunst 1915–1945*, Kunstmuseum Winterthur 1981; *Vor den Toren unbekannter Zukunft. Russische Avantgarde in den Schweizer Sammlungen*, Stiftung für konstruktive und konkrete Kunst, Zürich 1989.

Ludmila Vachtova

Bilder, 4

regen kein Ende haben will, ändern sich altershalber die ~~Karten~~ aber nicht die Gewohnheiten. Der alte Herr hat immer noch die Arbeiterkleidung am liebsten. Das Spätwerk tut weh. Die kunsthistorischen Märchen über die grossen Synthesen und das Fluddum der Landschaft im atlantischen Licht helfen nur wenig. Die ~~Bilder~~ Werke, obwohl mit so viel Einfühlung für London ausgewählt, wirken bloss wie automatisierte Erinnerungen auf einen grossen Brand~~Dxxxxxx~~ Die Glut hielt allerdings noch lange. Willem de Kooning gehörte bereits zur Weltprominenz, als er 1962 endlich auch ~~diexxmexikanische StaatsangehörigkeitxkonxGxmtlichxAmerikanerxwurdeix~~ in New York eingebürgert wurde. 1968 sah der ~~xxx~~ frischgebackene Amerikaner nach ~~xxxxxxx~~ 42 Jahren das flache Holland wieder, 1968 besuchte er das erste Mal den Louvre und war glücklich. Die alten Meister liebte er, zu den neuen hatte er ein anderes Verhältnis.

MAX WECHSLER

Max Wechsler

Lebensdaten

Geboren 1943 in Luzern. Berufslehre als Chemielaborant; Schauspielerausbildung bei der Theaterpädagogin Linde Strube an der Schauspielschule Zollikon, Zürich; mehrjährige Praxis als Regieassistent und Schauspieler. Eidgenössische Matura; Studium der Anglistik, Germanistik und Kunstgeschichte an der Universität Zürich; Lizentiat 1979; Promotion 1991. Lebt meistens in Luzern.

Berufstätigkeit

Seit den späten siebziger Jahren als freischaffender Kunstpublizist und Übersetzer tätig.

Beiträge für verschiedene schweizerische Zeitungen – *Vaterland*; *Die Weltwoche*; *Basler Zeitung* – und internationale Kunstzeitschriften – *archithese*, Zürich; *Arena*, Madrid; *Artefactum*, Antwerpen; *Artforum*, New York; *Du*, Zürich; *Kalias*, Valencia; *Kunst-Bulletin*, Zürich; *Kunstforum International*, Köln; *Noema*, Salzburg/München; *Parkett*, Zürich/New York; *Wolkenkratzer Art Journal*, Frankfurt am Main.

Thematische und monographische Beiträge für Ausstellungskataloge und Bücher; Übersetzungen kunsthistorischer und kunsttheoretischer Texte für Zeitschriften und Kataloge in- und ausländischer Institute, darunter auch Künstlertexte (z.B. von George Brecht, Ross Bleckner, Paul Bowles, Joel Fisher, Donald Judd, Bruce Nauman, James Turrell, Lawrence Weiner).

Seit 1982 Dozent an der Schule für Gestaltung Luzern.

Auszeichnungen

1991 Werkstipendium für Kunstvermittlerinnen und Kunstvermittler der Eidgenössischen Kunstkommission; 1993 London-Stipendium der Zuger Kulturstiftung Landis & Gyr.

The British Library. The Reading Room
Antonio Panizzi and Sydney Smirke, 1854–57
© 1982, The British Library Board

» Im ersten Moment erscheint es vielleicht befremdlich, der Malerei von Adrian Schiess in England zu begegnen, denn in seiner Arbeit findet sich absolut keine Spur der im hiesigen Kunstverständnis so tief verwurzelten narrativen oder illustrativen Komponenten des Mediums. Aber wenn man im Raum verweilend sieht, wie das stetig wechselnde Tageslicht und die Spiegelungen der Aussenwelt durch die grosse Fensterfront des »Showrooms« eindringen und die monochromen Ebenen seiner »flachen Arbeiten« zusehends mit einem Abglanz von Welt erfüllen, dann tauchen vor dem inneren Auge ganz und gar englische Bilder auf: Landschaftsansichten von Malern wie William Turner oder John Constable, eine Ahnung von Weite und das Atmen eines unvergleichlichen Lichts – oder die changierende Sensualität in Thomas Gainsboroughs Gewändern. Und dieses träumerische Gedankenspiel verläuft schliesslich nicht wesentlich anders, als wenn man zum Beispiel vor der Stofflichkeit eines Constable in die Phantasie eines erinnerten Landschaftserlebnisses verfällt und sich dabei in eine abstrakte Komposition von sich fragmentierenden Farben und Formen verliert, um am Ende in eine ausufernde Reverie von Empfindungen abzutauchen, die mit der konkreten Realität der Malerei keinen unmittelbaren Zusammenhang mehr haben.

Adrian Schiess' monochrome Tafeln und die hauchzarten Aquarelle dieser Ausstellung sind zwar frei von jedem anekdotischen oder narrativen Beiwerk, aber nicht frei von Emotionen. Und so bilden sie – wie jede Malerei – Projektionsebenen für Gedankenspiele und Assoziationen verschiedenster Art, welche aber im Unterschied zum Sinnen vor einem traditionellen figürlichen Gemälde oder Bild ganz und gar an die konkrete Situation ihres Umraums gebunden sind. Diese autonome Malerei ist auf paradoxe Weise *site specific*: sie artikuliert mit ihrer Präsenz den architektonischen Raum und dessen Ort. Ohne Bild zu sein, kann sie durch den in den Farbflächen der Malerei gespiegelten, von Wolkenzügen bewegten englischen Himmel doch Bilder evozieren, Erinnerung an Kunstwerke, neben denen gleichwertig immer auch Bilder einer profaneren Welt stehen, wie zum Beispiel die Spiegelung des in der ruhigen Quartierstrasse vor der Galerie geparkten Autos. So werden diese reinen Oberflächen von einem virtuellen Raum erfüllt, in dem sich der konkrete Raum als Spiegelung und der geistige als Assoziation in einer unmittelbaren Gegenwart der Wahrnehmung verbinden. Das Werk selbst ist die Farbe, die als Malerei in der nur denkbarsten Reinheit sich auszubreiten und zu verwirklichen sucht. In den »flachen Arbeiten« ist ein hohes Mass an Immaterialität oder reiner Farbwirkung angestrebt, welche sich auf paradoxe Weise an Objekten manifestiert. Angesichts der Schiessschen Malerei könnte man nämlich leicht auf den Gedanken kommen, es handle sich um skulpturale Arbeiten, aber die zurückhaltende Form der Präsentation lässt keinen Zweifel offen, dass diese Platten (früher waren es noch Pappstücke, Latten, Balken oder Klötze) nur als Farbträger dienen, an denen sich die Farbe verdinglichen und als solche manifestieren kann. Wie die Platten, so sind auch die vom Künstler eingesetzten Lackfarben herkömmliche Industrieprodukte, die unverfälscht eingesetzt diesen Bild-Gegenständen jene Neutralität verleihen, welche die Farbe als physikalisches Phänomen und als Idee

Max Wechsler

Installationsaufnahme
Ausstellung *Adrian Schiess*, The Showroom, London 1994
(Foto: Hugo Glendinning, London)

jenseits von kompositorischen, materiellen oder symbolischen Fragen zur Wirkung kommen lässt. Die Farbe als grenzenlos gedachte Ausdehnung überwindet gleichsam ihre Trägermaterialien, um zu einer unendlichen Oberfläche zu werden, zu einem Meer der Kontemplation. Selbst die deutlicher begrenzten Aquarelle überwinden ihre Bildhaftigkeit, indem sie der Künstler direkt auf die Wand klebt, wo sich das dünne Trägerpapier mit dem Hintergrund derart verbindet, dass die feinen Spuren von Pigmenten ganz in den Vordergrund treten – als eine äusserste Schicht, ein Hauch von Farbe. Vielleicht eine Ahnung vom Wesen der Malerei.

London, Oktober 1994

»Vorwort« (überarbeitete deutsche Fassung), in:
Adrian Schiess, Katalog, The Showroom, London E2, 1994

Rolf Winnewisser

Rolf Winnewisser

Lebensdaten

Geboren 1949 in Niedergösgen/AG. 1968–71 Schule für Gestaltung, Luzern; 1972–74 als Zeichner in einem Projekt für Alphabetisation in Tillabery/Niger; seit 1975 freischaffender Künstler; zeitweise Lehrer an der Schule für Gestaltung, Zürich, und an der ETH, Zürich; häufige Ortswechsel in Europa, USA und Afrika. Lebt in Birrwil/AG.

Auszeichnungen

1975 Kiefer-Hablitzel-Stipendium; 1984 Stipendium der Vordemberge-Gildewart-Stiftung; 1987–88 London-Stipendium der Zuger Kulturstiftung Landis & Gyr; 1991 Manor Kunstpreis; 1994 Werkjahr des Kantons Luzern.

Einzel- und Doppelausstellungen (Auswahl)

Vertreten durch die Galerie Pablo Stähli, Zürich: 1975, 1976, 1978, 1981, 1982, 1985, 1988, 1992, 1994, 1995; 1972 Galerie Stähli, Langenbacher und Wankmiller, Luzern; 1975 Galerie Elisabeth Kaufmann, Olten; *Beryll Cristallo*, Kunstmuseum Luzern (mit Aldo Walker); 1976 Galerie Anton Meier, Genf; Galerie Elisabeth Kaufmann, Olten (beide mit Martin Disler); 1977 Galerie Elisabeth Kaufmann, Basel; 1979 Kunsthalle Basel; 1980 Studio d'arte Cannaviello, Mailand (mit Martin Disler); 1981 Galerie Camomille, Brüssel; *Stromern im Bild*, Kunstverein Mannheim (mit Aldo Walker); 1983 Kunsthalle Waaghaus, Winterthur; 1985 Galerie Anton Meier, Genf; Galerie Biederberg, Amsterdam; 1986 Galerie Pro(s)art, Luzern; 1989 Kunstmuseum Solothurn; 1990 Kunstmuseum und Kunsthalle Luzern; 1991 Helmhaus Zürich; Galerie am Dorfplatz, Stans; 1992 Swiss Center, New York (mit Hugo Suter).

Publikationen (Auswahl)

Aus dem Logbuch Ikons, Zürich: Stähli, 1979; *Immer wieder, zurück*, Rom: Istituto svizzero di Roma, 1984; *Lapidarieres. Nil*, Luzern: Postfachverlag, 1986 (mit Theo Kneubühler und Karlos Sauter); *Tagebuch*, Zürich: Edition Howeg, 1989 (mit Felix Philipp Ingold); *23 Bildtücher*, Zürich: Stähli, 1990; *Aquarelle*, Zürich: Edition Howeg, 1994. Zahlreiche Ausstellungskataloge. Seit 1970 Selbstkommentare und kunstkritische Beiträge in Zeitschriften und Katalogen.

Rolf Winnewisser

Acht *BILDSCHILDER*. 1994–95. Kunstharzfarbe auf Sperrholz, je 100 x 100 cm

Luca Zanetti

Luca Zanetti

Lebensdaten

Geboren 1971 in Mendrisio/TI. Schulen in Arzo und Mendrisio; 1986–87 Nicaragua; 1987–89 Volontär bei Ringier Fotostudio und *Schweizer Illustrierte*; 1990–94 Schule für Gestaltung, Zürich, Abteilung Photographie; seit 1991 Mitglied der Fotoagentur Lookat, Zürich. Lebt als freischaffender Photograph in Zürich und London.

Auszeichnungen

1994 London-Stipendium der Zuger Kulturstiftung Landis & Gyr.

Ausstellungen

1995 *Look at Lookat*, Centre culturel Saint-Gervais, Genf; *Look at Lookat*, Schweizerische Stiftung für Fotografie, Wohnmuseum Bärengasse, Zürich.

Reportagen

1990 Chiasso, *Grenzpolizei und illegale Einwanderer*; Rom, *Porträt der Regisseurin Lina Wertmüller*; Locarno, *Porträt des Filmemachers Tom Dicillo*; Stromboli, *Porträt des Schweizer Malers Hans Falk*; 1991 Brindisi, *Albanische Bootsflüchtlinge*; Ljiubljana, *Einmarsch der jugoslawischen Armee*; Zürich, *Porträt der Popsängerin Susan Vega*; Budapest, *Schwermetallindustrie*; Mendrisio, *Der Guss von Gorbatschows Bronzebüste aus Anlass des Time Magazine Award*; Boston, *Schlafexperiment*; Bologna, *Porträt des Schriftstellers Umberto Eco*; 1992 Zürich, *Porträts von Prostituierten*; 1994 London, *Frauen-Boxen*; London, *Porträt des Schriftstellers und Schauspielers Stephen Fry*; London, *Porträts von Chris Jagger und Roslyn Kind*; London, *Porträt des kroatischen Plastikers Ivan Klapez*; Meggen, *Porträt des Flötisten James Galway*; 1995 Hongkong, *Warten auf 1997*; Isle of Eigg (Schottland), *Leben und Tod einer verkauften Insel*; Toronto, *Religiöse Bräuche in einer modernen Gesellschaft*.

© Felix von Muralt, Lookat Photos

Luca Zanetti

Isle of Eigg, Scotland. 1995

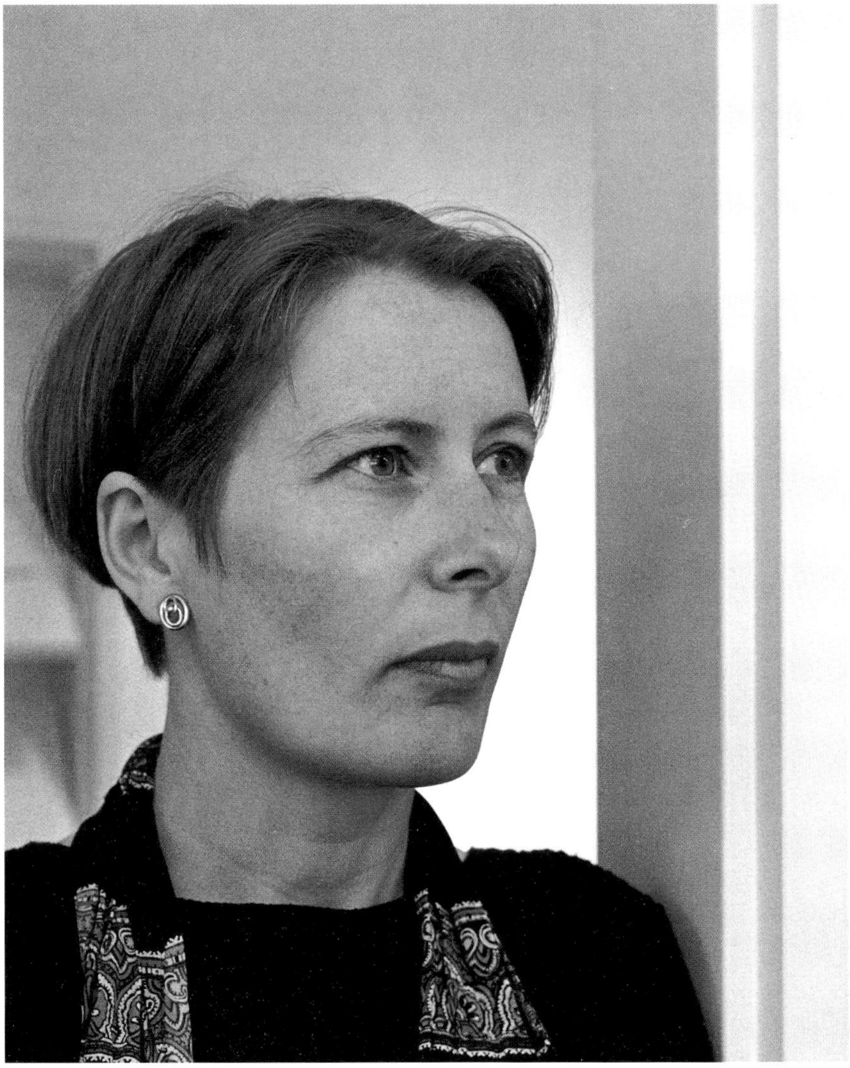

Maria Zgraggen

Lebensdaten

Geboren 1957 in Schattdorf/UR. 1978–82 Schule für Gestaltung, Luzern; 1983 Gaststudium an der Bath Academy of Fine Arts, Corsham (Malfachklasse); 1984 Masters Degree an der Chelsea School of Art, London; 1985 Gaststudium an der Bath Academy of Fine Arts, Corsham (Radierung). Lebt in Corsham/GB und Bürglen/UR.

Auszeichnungen

1983 Förderungspreis der Kunst- und Kulturstiftung Heinrich Danioth, Uri; 1985 Eidgenössisches Kunststipendium; 1986 Werkjahr der Kunst- und Kulturstiftung Heinrich Danioth, Uri; Eidgenössisches Kunststipendium; 1987 als Stipendiatin am Istituto Svizzero in Rom; 1990 Eidgenössisches Kunststipendium; 1991 London-Stipendium der Zuger Kulturstiftung Landis & Gyr.

Einzelausstellungen

1988 Bündner Kunstmuseum, Chur (Kat.); 1990 Gemeindegalerie Meggen; Galerie Carzaniga & Ueker, Basel (Kat.); 1992 Paraplegiker Zentrum, Nottwil; Galerie Carzaniga & Ueker, Basel; 1994 Galerie am Dorfplatz, Stans; Galerie Partikel, Luzern; 1995 Galerie Carzaniga & Ueker, Basel (Kat.).

Arbeiten im öffentlichen Raum

1986 Wandbilder Klubschule Migros, Zug; 1992 Wandbild Kraftwerk EWA, Bürglen/UR.

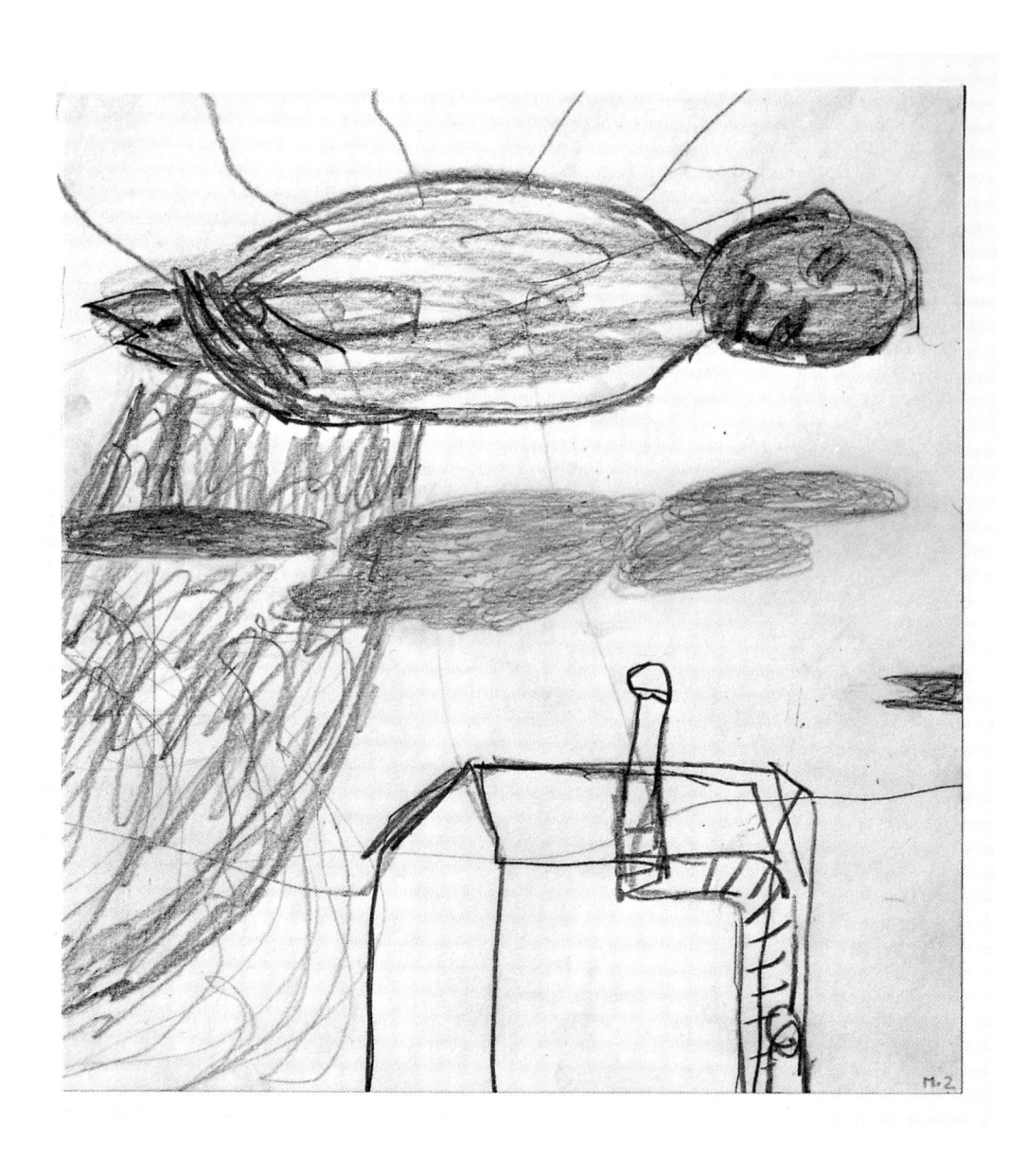

Maria Zgraggen

Links: *Zeichnung ohne Titel.* 1995. Bleistift auf Papier, 21 x 19,5 cm
Oben: *Zeichnung ohne Titel.* 1995. Bleistift auf Papier, 21,2 x 24 cm

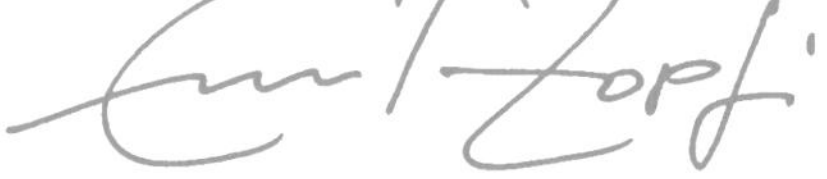

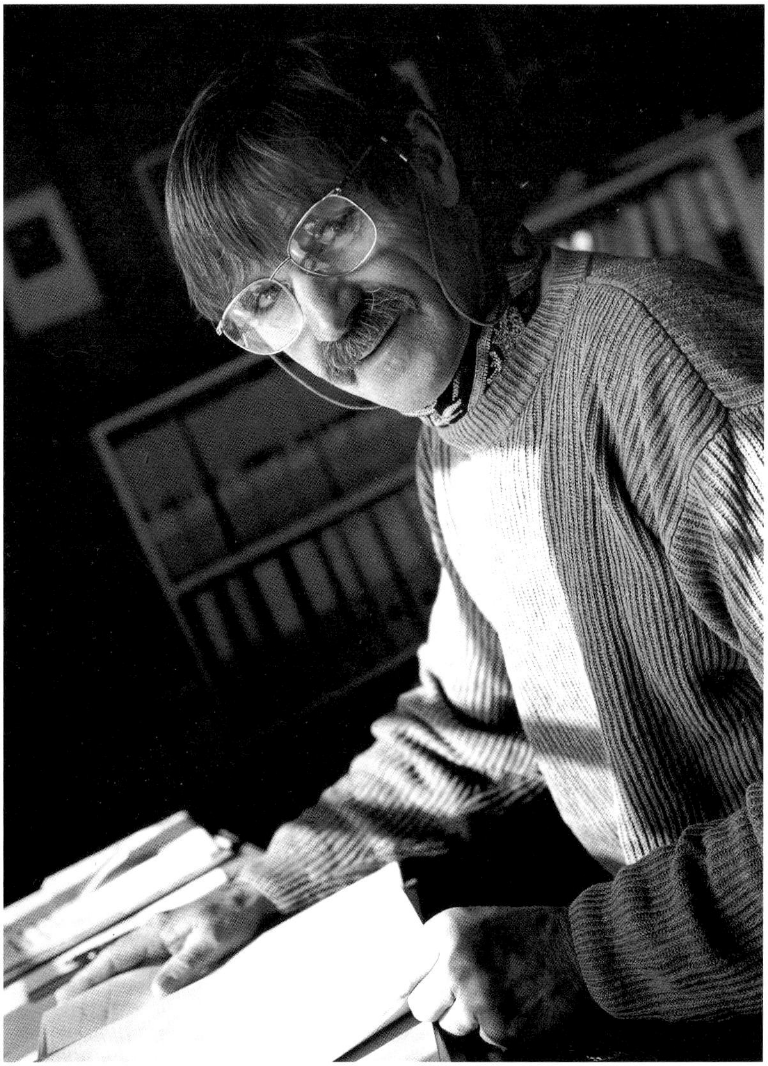

Emil Zopfi

Lebensdaten

Geboren 1943 in Wald/ZH; aufgewachsen in einer Textilarbeiterfamilie in Gibswil. 1958–63 Laufbursche und Lehrling bei Zellweger AG, Uster; 1964–67 Studium der Elektrotechnik am Technikum Winterthur. 1967–81 Systemingenieur und Informatiker. Seit 1981 Erwachsenenbildner und freischaffender Autor; 1986 Gründung der »Ausdruckswerkstatt« mit Christa Zopfi. Verheiratet, zwei erwachsene Kinder. Lebt in Obstalden/GL.

Auszeichnungen

1973 1. Preis Schweizer Alpenclub; 1977 Ehrengabe der Stadt Zürich; 1978 Ehrengabe der Schweizer Schillerstiftung; 2. Preis SSV und Gewerkschaft Bau & Holz; 1979 Förderungspreis der Zuger Kulturstiftung Landis & Gyr; Ehrengabe des Kantons Zürich; 1982 Werkjahr der Stadt Zürich; 1984 Schweizer Jugendbuchpreis; 1985 Preis der C.F. Meyer Stiftung; Literaturpreis der Kantonsschule Romanshorn; 1986 Preis des Deutschen Alpenvereins; 1988 Werkbeitrag des Kantons Zürich; 1992 Preis der Schweizerischen Schillerstiftung; 1993 Schweizer Jugendbuchpreis (für Kurzgeschichte); 1993 Erster Kulturpreisträger des Schweizer Alpenclubs; 1995 Werkjahr Kanton Glarus; 1996 London-Stipendium der Zuger Kulturstiftung Landis & Gyr.

Publikationen

Jede Minute kostet 33 Franken, Roman, Zürich: Limmat, 1977; *Mondmilchsteine*, Roman, Zürich: Limmat, 1979; *Computer für 1001 Nacht*, Roman, Zürich: Limmat, 1980; *Cooperativa oder das bessere Leben*, Roman, Zürich: Benziger, 1981; *Suche nach dem andern*, Roman, Zürich: Benziger, 1983; *Lebensgefährlich verletzt, eine Nachforschung*; Zürich: Limmat, 1984; *Die Wand der Sila*, Roman, Zürich: Limmat, 1986; *Die elektronische Schiefertafel, Nachdenken über Computer*, Zürich: Limmat, 1988; *Die Stunden im Fels, Texte vom Klettern*, Zürich: Gute Schriften, 1989; *Die Fabrikglocke, Vom Aufstand der Glarner Stoffdrucker gegen die Zeit*, Zürich: Limmat, 1991; *Sanduhren im Fels*, Erzählungen und Reportagen, Zürich: Limmat, 1994.

Ausserdem 7 Kinderbücher, 4 SJW-Hefte, 8 Hörspiele, 3 Fachpublikationen zur Informatik und zum kreativen Schreiben, 4 Fernsehspiele und Filme sowie zahlreiche journalistische Arbeiten u.a. für *NZZ*, *Weltwoche*, *Tages-Anzeiger Magazin*.

Bücher wurden übersetzt ins Französische, Italienische, Holländische, Friesische, Dänische, Japanische, Russische.

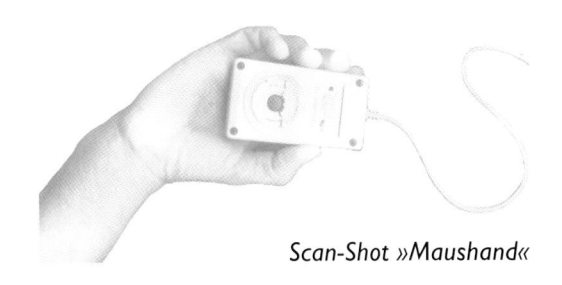

Scan-Shot »Maushand«

》 Drei Nähnadeln hat der Schweizer Soldat im Mannsputzzeug, denn wenn in der Hitze des Gefechts ein Knopf abspringt, muss er gerüstet sein. Knöpfe annähen gehört somit zur militärischen Grundausbildung und wehe, wenn der Oberst an der Inspektion die Nadeln kontrolliert und es sind nicht drei, sondern weniger oder gar mehr. Dabei ist die Nadel gewiss das friedlichste Werkzeug der Welt und wohl eines der ältesten. In der Steinzeit verfertigten es die Menschen aus Tierknochen und nähten ihre Felle und Flachsgewebe. Durch die Nadel kam der Mensch überhaupt erst zum Kleid und unterschied sich damit auch äusserlich vom Tier. Knöpfe gab es vorerst noch nicht, die Gewandnadel aus Bronze half später aus der Verlegenheit. Schon das Wort ist so alt wie die Sprache selbst. Zwei Vokale, drei Konsonanten, das klingt so urtümlich wie Papa und Mama. Einfach wie das Wort ist die Idee. Ein kleines Loch, in einen Knochensplitter gebohrt, formte aus dem Nichts das geniale Werkzeug. Das Öhr also macht die Nadel und auch ihr Problem. Schon Jesus muss mit dem Einfädeln seine liebe Mühe gehabt haben, sonst hätt er nicht seinen Jüngern gepredigt, dass eher ein Kamel durch ein Nadelöhr passe, als ein Reicher ins Reich Gottes. Die Nadel, Inbegriff der Hand- und Frauenarbeit, war seit jeher ein Werkzeug der Armen. Wenn der Faden ausfranst und partout nicht durchs winzige Loch will, befeuchten wir ihn im Mund und so entsteht unsere orale, sinnliche Beziehung zu Faden und Nadel. Schneiderinnen sieht man oft mit Nadeln im Mund. Doch aufgepasst. Als im Jahr 1782 das Töchterlein des Arztes und Richters Dr. Tschudi in Glarus »Gufen« spuckte, da wurde die Magd Anna Göldin der Hexerei angeklagt, gefoltert und zum Tod durch das Schwert verurteilt. In jenen Jahren zwischen Mittelalter und Industriezeit erfand der Wiener Schneider Josef Madersperger die Nähmaschine und der Bedarf an Nadeln stieg. Adam Smith, der schottische »Vater der Nationalökonomie«, entwickelte anhand der Herstellung von Nadeln das Prinzip der Arbeitsteilung. Zehn Männer verfertigten in geteilten Arbeitsgängen täglich 48'000 Nähnadeln, schrieb er in seinem Buch »Wealth of Nations«. Doch schon im Jahr 1864 spuckte eine einzige Maschine im elfstündigen Arbeitstag 145'000 Nähnadeln aus. Von Hexerei war keine Rede mehr. Eine einzige Frau oder ein Mädchen könne gleichzeitig vier solcher Automaten bedienen, vermerkt Karl Marx im »Kapital«. Der Philosoph Bertrand Russell schlug anhand des Beispiels vor, die Arbeitszeit proportional zur steigenden Produktivität zu reduzieren. Leider hörte niemand auf ihn. Schon von jeher war also die Herstellung von Nadeln High-Tech. Bei Prym in Stolberg im Rheinland, dem weltgrössten Nadelhersteller, liefert ein Automat heute dreihundert bis dreihundertfünfzig Stück die Minute. Die genaue Zahl ist Betriebsgeheimnis. Nadeln werden im Duo gefertigt. Der Automat schneidet den Stahldraht zuerst auf doppelte Länge, schleift die Spitzen, presst die Öhre. Dann werden die Nadeln geteilt, entgratet, die Köpfe geschliffen, hierauf geglüht, gehärtet, während 100 Stunden blankpoliert, dann vernickelt. Die Nähnadel, einfach und harmonisch in der Form, ist zum technologischen Spitzenprodukt geworden, das wir so selbstverständlich und achtlos in die Hand nehmen wie viele andere grosse Schöpfungen der Menschheit. Etwa siebzig Prozent aller Nadeln kommen heute aus Deutschland, etwa dreissig aus England. Immer mehr

Emil Zopfi. *Scan-Shot*. 1995. 10 x 10 cm

bemerkbar macht sich die Konkurrenz aus dem Fernen Osten, zum Beispiel Korea. Doch Spitzenqualität erreichen diese Billigprodukte noch nicht, sagen Fachleute, das Öhr ist entscheidend, vor allem bei den Maschinennadeln. Ist es nur »gekratzt« und nicht glattpoliert, so reisst der Faden. Die Schweiz ist in Bezug auf Nadeln zu hundert Prozent vom Ausland abhängig. Wenn der Wehrmann einen Knopf annäht, kämpft er also mit fremden Waffen. Ist für Nachschub gesorgt? Genügen drei Nadeln für den Ernstfall? Wahrscheinlich ist die Zahl Drei eher magisch zu verstehen, sie bannt Hexen, Vampire und das Böse schlechthin. Wer weiss, vielleicht sind die drei Nadeln unsere stärkste Waffe.

《

153

Die Nadel, 1995

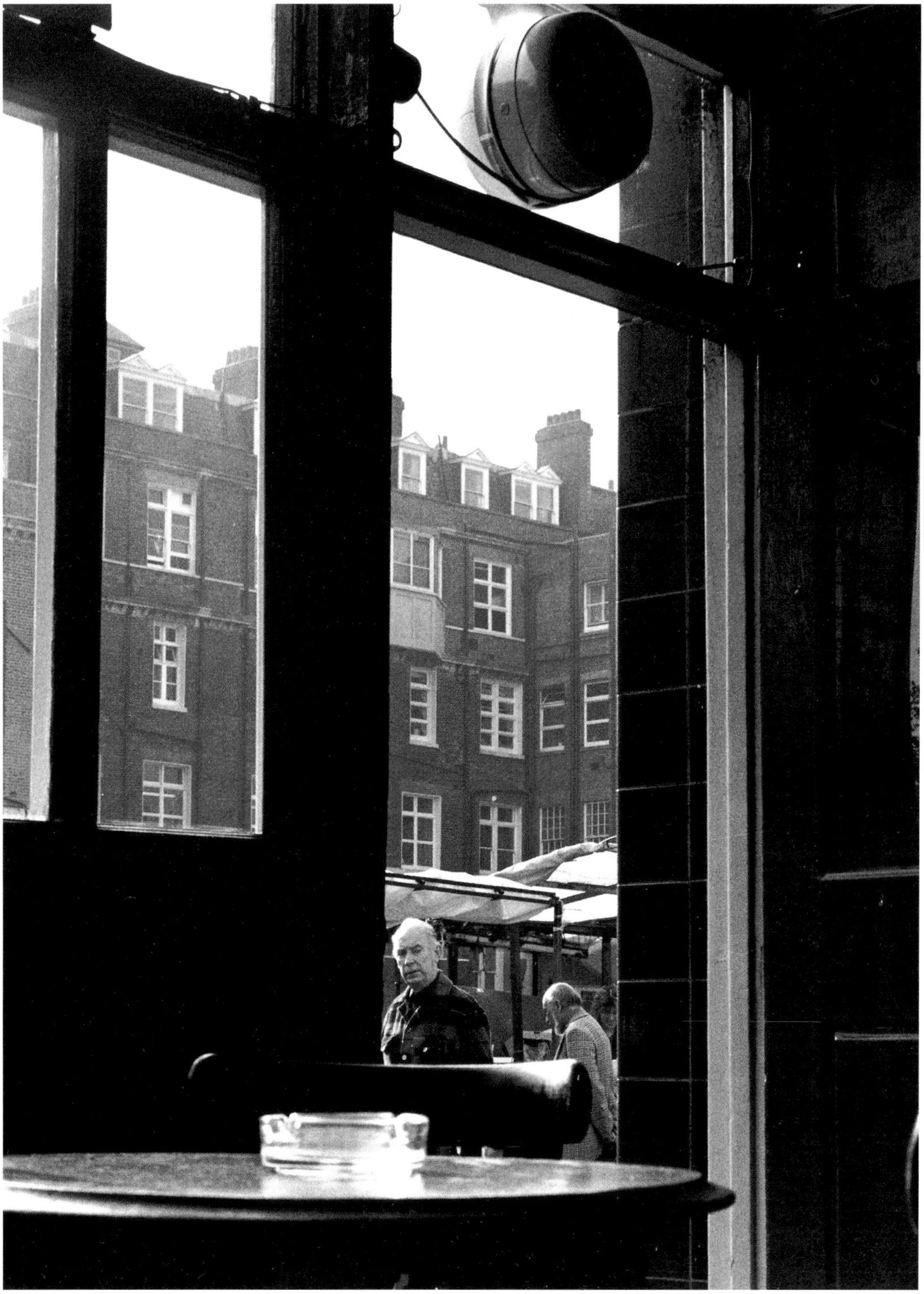

East End

Ein Bericht von Heinz Stalder

Während meiner Zeit an der Smithy Street sprang endlich einer weiter als Bob Beamon. Mike Powell überbot aber den längst zur Legende gewordenen Rekord nicht in London, sondern an den Weltmeisterschaften der Leichtathleten in Tokyo, und ich sass Ende August auch nicht am Fernseher. Ende August 1991 war es in London stickig heiss. Es hatte schon lange nicht mehr geregnet. Vom grünen englischen Rasen war nur mehr die dürre Grasnarbe übriggeblieben. Alle Vorstellungen, die ich mir vom Wetter im Vereinigten Königreich gemacht hatte, erwiesen sich als übertrieben pessimistische Fehleinschätzungen. Was mir in London meteorologisch geboten wurde, war weder nass noch neblig, und feucht war bloss der Schweiss. Schirme wurden, so sehr sie an der Busline 25 in mehreren Läden zusehends weiter auf die Strasse hin ausgetragen und von Tag zu Tag billiger angeschrieben waren, keine verkauft.

In der Smithy Street stand in den ersten Wochen, abgesehen davon, dass mir die anderen dort gelegenen Räumlichkeiten das Ausprobieren verschiedenster Teesorten und Angewöhnen ans englische Frühstück ermöglichten, vor allem das Bett. Nebenan wohnte damals zwar noch Morris de Wolf, der jüdische Bilder-, Spiegel- und Rahmenhändler, der zurecht behauptete, er verkaufe an seinem Stand in der Pettitcoat Lane respektive in der Wendtworth Street, wo seine Familie seit 1854 ein verbrieftes Standrecht besitzt, mehr Bilder als Christie's und Sotheby's zusammen. Morris liess einen nicht immer schlafen. Er kennt im East End jeden Backstein, und wer etwas auf dem Herzen, zuviel getrunken, geraucht oder gespritzt hatte, klopfte bei ihm an, schrie ihn von der Strasse her wach. Seine schwarze Freundin und sein Sohn liebten den Reggae noch heisser als er. Die Nächte aber waren im August 1991 ohnehin nicht zum Schlafen gemacht, und mit Richard vom »Titchfield Café« drüben im West End hatte ich schon Bekanntschaft geschlossen, der Weg dorthin war weit, mit einem Nachtbus in horrendem Tempo von der Tottenham Court Road bis gegenüber dem Durchgang zur O'Leary Passage zu fahren, war ein Vergnügen, das ich mir als stolzer Besitzer einer Monats-Travelcard so oft als möglich nicht entgehen liess, zumal die Fahrten tagsüber nach oft endloser Warterei auf die Nummer 25 bis zur Oxford Street länger dauerten, als die Neugierde im Oberdeck hinhielt.

Der indische Kioskmann machte mich am Morgen nach dem Jahrhundertsprung auf das Ereignis in Tokyo aufmerksam, und wir überprüften die Grafik im »Independent«, wo ein Athlet über zwei Autos (es waren eindeutig französische, und die englischen Hersteller protestierten denn auch rabiat) hinwegsprang, auf den Parkplätzen hinter der Rinkoff-Bäckerei. Die bildliche Darstellung des Rekord-Weitsprungs stimmte genau. Auch ein englisches Auto mass gute vier Meter. Acht Meter und fünfundneunzig Zentimeter war Mike Powell gesprungen.

Zu Hause hätte ich, und nicht bloss, weil mir wahrscheinlich die Zeit dazu zu kostbar gewesen wäre, die gesprungene Weite weder allein, noch unter der Anleitung eines Kioskinhabers überprüft. Zu Hause, erinnerte ich mich, ärgere ich mich permanent über den schleppenden öffentlichen Verkehr, schimpfe über den Busfahrer, der sich an den ohnehin schon überzogenen Fahrplan halten zu müssen glaubt und davonfährt, obschon er zweifelsohne gesehen haben muss, wie ich, meinen Fahrausweis wie eine Stimmkarte schwenkend, auf die Haltestelle zugerannt komme.

In London sagten die Leute, die sich auf irgendeine Art in die Quere gekommen waren, zuerst einmal sorry, worauf es auf die nächsten Sekunden auch nicht mehr ankam, und die Ellbogen friedlich blieben. Auf dem Weg vom West ins East End oder umgekehrt, unmittelbar vor oder nach Aldgate, fahren die Busse, für einen Kontinentaleuropäer wegen des Linksverkehrs und unerklärlicher Einbahnstrassen, nicht rational nachvollziehbar, ohne auch nur einen Yard zu gewinnen, von Rotlichtern und stockendem Verkehr andauernd am Vorwärtskommen gehindert, um mehrere Häuserblocks herum. Nicht der geringste Grund zur Aufregung. Im Gegenteil. Wie ein Kind im Lieblingsbuch immer wieder die gleiche Illustration fasziniert betrachtet oder bei der Gutenachtgeschichte mit Spannung bloss auf das Signet wartet, freute ich mich auf jeder Fahrt auf die vor einer Baugrube aufgerichtete riesige Plakatwand. Zwanzig Meter oder noch länger war dort über die Zeitspanne meiner ersten vier Londoner Wochen eine etikettenlose Ketchup-Flasche zu sehen. Darüber in einer einfachen, gut lesbaren Kinderschrift *Heinz is the best*. Ich brauchte mit dem Kopf bloss eine winzige Bewegung zu machen, und alles war klar. War ich alleine unterwegs, verlor die Stadt, die nirgends ein Ende zu haben schien, zumindest in Aldgate für ein paar Sekunden oder eine Plakatwand lang ihre Anonymität. Meistens gelang es mir sogar, das gute Gefühl mit in den Westen und wieder zurück bis zur Smithy Street zu retten.

Auf den Vorschlag eines Mitstipendiaten mit einem weniger werbewirksamen Namen, mir doch ein Konferenz-Namensschild anzustecken und beim kleinsten Anflug einer Grossstadtdepression zu den permanenten Stosszeiten in einen Aldgate-Bus zu steigen, ging ich nicht ein, zumal vor allem am Telefon die Engländer mit meinem Namen respektive meiner Aussprache desselben einige Mühe hatten. Der letzte Schleusenwärter bei der Old Ford Street am Grand Union Canal brach, als er mein Heinz endlich verstand, in ein erlöstes *O! Heinz like the beans!* aus.

Am Tag, als das Plakat entfernt wurde (es zu retten und zu Hause aufzuhängen wäre nur an der Bretterwand des Hintergartens möglich gewesen, und es hätte der Zustimmung der Bewohner der Häuser 1 und 2, sowie des Nicht-Stipendiaten in Nr. 4 bedurft) sagte ich auf einer Vernissage in Hammersmith, es sei ein sehr wohltuendes Gefühl, einmal nichts als ein Nobody zu sein und in der Stadt, deren Ende ich immer noch nicht gesehen hätte, restlos unterzugehen. Eine Dame, die ich nachher nie mehr antreffen sollte, gab allen meinen Zuhörern zu verstehen, ein Nobody könne einer nur werden, der zuvor der Meinung gewesen sei, jemand zu sein.

Unbehaust
unter Plastik
Pappkarton und Brettern
Lincoln's Inn wird restauriert
beim Betreten des Royal Court of Justice
wird das Messer zur Waffe
ein Mann ohne ersichtliche Arme und Beine
geht halb so gross wie seine Mit-Barrister
auf zwei Holzstümpfen
zum Gericht
im Sindney Square verdorrt das Gras
ein Greis
wirft mit seinen gefleckten Händen
drei Bälle in die Luft
versucht mindestens einen
wieder zu fangen
eine junge Frau gibt ihre Flasche weiter
und applaudiert.

Bei Richard im West End war alles ganz anders. Nach der ersten Museums-, Galerien-, Theater-, Konzert- und Literatureuphorie von der Fülle verschiedenster *musts* verwirrt, ernüchtert, ermüdet und erschöpft, begann ich mir eine möglichst gangbare Systematik zurechtzulegen: Schritt für Schritt würde ich zuerst die nächste Umgebung erfahren und dann erst das westlich vom Tower gelegene London begreifen lernen. Kam hinzu, dass ich an der South Bank im Purcell Room anlässlich eines Konzerts mit Berio Kompositionen auf eine Gruppe geführter Schweizerinnen stiess, deren Verantwortliche mir unumwunden erklärte, London sei, verglichen mit anderen Grossstädten, ein relativ sicheres Pflaster, sofern man sich daran halte und seinen Stadtbummel und Wirkungskreis nicht über den Tower hinaus erstrecke.

Whitechapel? No thanks.

Earls Court dagegen, zum Beispiel, da seien immerzu so viele Leute, dass man sich im ganzen Gewühl der Untergrundstation mit wildfremden Menschen einen Schutzschild überziehen könne.

Earls Court vermeide ich noch heute. Erklären kann ich die Abneigung kaum. Mag sein, dass mich ein samstäglicher Massenauflauf verschiedener Fussball-Fangruppen, die lauthals ihre Freude oder ihren Unmut mit Bier vermischten und sich ebenfalls genötigt sahen, die Untergrund zu wechseln, bevor ich mich gezwungenermassen von ihrer relativen Harmlosigkeit überzeugen konnte, in Angst und Schrecken versetzte.

Auf den Treppen bei St. Martin in the Fields
schleppt einer die von ihm veränderte Welt
in Tragtaschen von Selfridges
und Harrods
spazieren
Gott ist angeklagt
Sexist zu sein
draussen
jagen mit Stöcken bewaffnete Schwarze
blutende Bangalen
durch die East India Dock Road
hinterher schmeissen Weisse
Pflastersteine nach vorn
und Henry Moores
Draped Seated Woman
muss mit einem Staketenzaun
vor Bronzeräubern
geschützt werden

Im East End, wo ich mich auf Anhieb als Fremder unter Fremden mit allen Nichtengländern solidarisierte, war ich vom ersten Tag an zu Hause, und noch fühlte ich mich in der Grossstadt, sobald ich mich nicht mehr von Bangladeshis, Pakistanis, Somalis, Indern und Westindies umgeben sah, unsicher, als eines Abends ein Bekannter aus der Schweiz anrief. Es war das erstemal, dass mir jemand freudig mitteilte, er sei jetzt in London, und es würde ihn ausserordentlich freuen, mich zu sehen (meinem Freundes- und Bekanntenkreis hatte ich vor meiner Abreise nach London wohl die Adresse hinterlassen, gleichzeitig aber auch erklärt, dass in dem kleinen Häuschen eine Unterbringung nicht möglich sein würde).

Der Bekannte hatte schon Madame Tussaud und mehr Sehenswürdigkeiten besucht als ich hätte aufzählen können und wusste zu berichten, er habe nach einer Vernissage ein aussergewöhnliches, ein durch und durch verqueres Restaurant kennengelernt, und man habe dort jetzt zwei Tische reserviert.

Wir trafen uns vor der Buchhandlung »Books etc« bei der Covent Garden Untergrundstation und fuhren mit zwei schwarzen Taxis westwärts. »Titchfield Café« war das Lokal angeschrieben. Auf den Trottoirs und halb auf die Strasse hinaus sassen die Gäste dichtgedrängt hinter und zwischen riesigen, zum Teil völlig unwirklichen Blumentöpfen und Sträuchern auf ausgefallenen Stühlen an den unterschiedlichsten Tischen. Blechpapageien hockten in den Sträuchern, Hexen flogen auf Besen davon, wundersame Drachen schwebten über der Strassenkreuzung, da und dort schaute hinter halbverblühten Rosen und tönernen Orchideen das Frauenbein einer Schaufensterpuppe hervor, und aus versteckten Lautsprechern dröhnte einem Puccini entgegen. Unmittelbar hinter der Tür fand man sich mitten in einem orientalischen Bazar wieder. Aus tausend unnützen Flohmarktgegenständen funkelte einem ein ebenso tausendfach gebrochenes Licht entgegen. Wäre eine Fatima auf einem Teppich vorübergeflogen, kein einziger Gast hätte sich mehr gewundert. Die Musik war auch innen dominierend. Turandot. Die junge Birgit Nilson sang mit Jussi Björling um die Wette. Von reservierten Tischen keine Spur. Der Wirt ein kräftiger Mann, dunkler Teint, schwarzes Kraushaar und tatsächlich funkelnden Augen nahm uns sogleich mit herrlich rollendem R wortreich in Beschlag und erklärte, es hätte irgendwelche Kollisionen gegeben, doch müssten wir unter gar keinen Umständen warten oder gar resigniert anderswo einen Tisch suchen gehen. Er klemmte zwei Flaschen Weisswein unter den Arm und forderte uns auf, mit ihm in den Keller zu steigen. Unter einem wunderschönen Gewölbe tat sich ein Raum mit mehreren Nischen auf, und Puccini hämmerte noch wilder aufs Trommelfell. Hier, wo sich schon zu Viktorias prüden Zeiten einige Damen und Herren ottomanischen Sinnesfreuden ergeben hätten, entstünde gerade eine Erweiterung seines Lokals, wir seien die ersten Gäste, und er sei stolz auf uns. Beautiful! sagte er, hob seinen Zeigefinger an die Lippen, und die Lautsprecher überschütteten uns mit Mozarts Entführung aus dem Serail. Aber selbstverständlich sei Mozarts Genie tief im ottomanischen Reich verwurzelt gewesen.

Nach einigen türkischen Befehlen räumten zwei Angestellte Handwerkzeug und Baumaterial zur Seite, stellten zwei grosse Tische in die Mitte. Wir standen mit gefüllten Gläsern und mehr als nur überrumpelt herum, sahen zu, wie die Tische sich deckten, und sich unsere Gläser wie aus irgendeinem aladinschen Gefäss immer wieder füllten. Alle Vergleiche, die wir anzustellen versuchten, gerieten schief und schräger, auch wir begannen im ottomanischen Reich Wurzeln zu schlagen.

Eine Unterhaltung war allerdings anfänglich kaum möglich, und als wir nach äusserst deliziösen türkischen Vorspeisen den Wirt baten, die Musik, so sehr uns die mächtigen Arien auch zu begeistern vermöchten, doch etwas leiser zu drehen, erklärte er, alles im Haus sei im Umbruch, Viktoria und ihr Albert hätten sich seinerzeit, der Monarchie sei's gedankt, auch nicht um die letzte Nische kümmern können, wenn er nun an den Lautsprechern herumhantierte, könnte der ganze Stromkreislauf zusammenbrechen. Kerzen, so viele auch bereits brannten, würden nicht genügen, den Betrieb so zu erhellen, dass der Gast ein Sultan bleiben könnte. Es blieb uns nichts anderes übrig, als ihm zu glauben.

Nach einer langen Nacht setzte sich Richard zu uns an den Tisch, und als er hörte, ich hätte nun ein ganzes Jahr London vor mir, lud er meine Frau und mich ein, am nächsten Dienstag wiederzukommen. Zu einer Party.

Heute
als ich von der Whitechapel Road
in die Vallance Road abbog
kam mir Charles Dickens entgegen
heute
als ich auf dem Verwertungsmarkt

der letzten Habseligkeiten
nach einem Messer suchte
nahm mich Charles Dickens bei der Hand
heute
als der Marktfahrer lachte
mir
bevor er das Messer
in den SUN von gestern packte
seine grossartig schlechten Zähne zeigte
schüttelte Charles Dickens
seinen schönen Kopf
und machte
einen für mich viel schlechteren Preis
heute
als ich mein Geld
aus der Hosentasche zog
unten in der Vallance Road
auf dem Verwertungsmarkt
der letzten Habseligkeiten
wandte sich Charles Dickens
von mir ab

Zwillinge, Schauspieler, feierten Geburtstag. Das Kellergewölbe glich einer Schatzkammer aus Tausendundeinernacht. Ausser dem Wirt, seiner Nichte, die uns vor ein paar Tagen bedient hatte und einem weiteren Kellner, kannten wir keinen einzigen Menschen. Richard nahm uns bei der Hand, führte uns mitten in die wegen der omnipräsenten Opern sehr laute Gesellschaft und liess uns vorerst allein.

Richard ist Zypriot. Ein genialer Gastronom, der es wie kein anderer versteht, aus einer unbedeutenden Kneipe ein Szenenlokal zu machen, einen Bazar der ungereimten türkischen Sonette und englischen Follies, wo sich im Handumdrehen die Welterfinder aus den Grossstadtbrutstätten einfinden und ihre bizarren Spiegelbilder in die schrägen Rahmen des durchaus shakespearischen Panoptikums hängen. Richard hat bloss einen verhängnisvollen Fehler: Sobald das von ihm geschaffene Lokal Gewinn abwirft, sobald sich Epigonen und Neugierige unter die Originalgäste mischen, verliert er jegliches Interesse. Eine Zeitlang wirkt er fahrig und unkonzentriert, dann ist er plötzlich verschwunden, um sich ein paar Wochen später aus einer andern Ecke Londons zurückzumelden.

Bei Solange
eingeklemmt
zwischen den Blues Brothers des einen
und den Blood Brothers

des andern Theaters
verlängern zwei sehr alte Menschen
ihren letzten Chablis
mit Mineralwasser
aus dem Schottischen Hochland

Schritt für Schritt wollte ich London vom East End her erfahren und war auf einmal Stammgast bei einem türkischen Zyprioten im West End. Das »Titchfield Café« wurde auf meinen Streifzügen zum westlichen Stützpunkt. An einem Tisch allein Platz zu nehmen war unmöglich. Richard war der Meinung, was ich mir unter keinen Umständen entgehen lassen dürfte, seien seine andern mehr oder weniger regulären Gäste, und diesen erklärte er wortreich, mich nicht kennenzulernen wäre eine Unterlassungssünde.

Zuerst mussten wir mit ihm an der Bar ein Glas Weisswein trinken, dann schaute er sich im Lokal um, zu wem wir wohl am besten passen würden. War niemand da, setzte er uns an einen viel zu grossen Tisch, um bei der nächsten Gelegenheit die Leute zu uns zu setzen, die uns etwas mitzuteilen haben würden.

Dass wir Schweizer waren, interessierte Richard wenig. Er verwechselte die Schweiz ohnehin immer wieder mit Schweden. Wichtig war ihm, dass wir im East End, weitab vom christlichen London zu Hause waren und ein Jahr Zeit hatten.

Mike Powell und Richard Niazzi. Andere werden sich an weit bedeutendere Ereignisse und Persönlichkeiten während ihrer Londoner Zeit erinnern.

Als Heinz Hertach mich im Frühling 1990 anrief und mir dieses eine Jahr London offerierte, hatte ich erst von einem Stipendiaten gehört, was mich in der Smithy Street und der näheren Umgebung erwarten würde. Später, als mein Aufenthalt dem Ende entgegenraste wie eine jener verrücktgewordenen Uhren im »Titchfield Café«, hatte ich das Bedürfnis, all das weiterzugeben, was mich schlussendlich so stark beeinflusst hatte, dass ich bereits nach einem halben Jahr fest davon überzeugt gewesen war, bald einmal for good, wie David Panton es ausdrückte, zurückzukehren. So hilfreich die kleinen praktischen Hinweise auch gewesen sein mochten, die das Eintauchen in eine fremde Umgebung erleichterten, geblieben ist mir einzig, wie Godi Hirschi mir erzählte, er sei, wieder bei sich zu Hause in Root, nach traumlosen Nächten oft auf der falschen Seite aus dem Bett gestiegen. So, wie er in London, wo das Bett um 180° anders gestanden sei, aufgestanden sei.

Die kleinen Handgriffe zur Überlistung der Dusche und des Thermostats musste ohnehin jeder selber beherrschen lernen, und nie habe ich so viel Englisch in so kurzer Zeit gelernt wie damals, als die IBM Kugelkopfschreibmaschine aus David Pantons Büro den Geist aufgab, und ich mir einen brandneuen Textverarbeiter kaufte. Mit englischer Gebrauchsanweisung. Die paar obszönen Ausdrücke, die ich mir beim Lesen von Hanif Kureishis wunderbarem, im indisch-englisch-pakistanischen Milieu Londons angesiedeltem Roman »The Buddha of Suburbia« angeeignet hatte, waren ein kaltes

Nasenwasser gegen die Flüche, mit denen ich die Maschine und ihre Gebrauchsanweisung eindeckte.

Wir waren, ohne uns dessen bewusst zu werden oder viel dazu beigetragen zu haben, zu East Enders geworden, gehörten zu jener mehr oder weniger und je nach Blickwinkel un- oder überprivilegierten Bevölkerungsschicht Londons, die sich entweder damit abgefunden hatte, östlich vom Tower leben zu müssen oder aber den Reiz des einst Ruchlosen wiederentdeckt hatte und sich damit einen nahezu exotischen Anstrich gab.

Eines Tages setzte mich Richard zu einer alten Dame, deren auf Anhieb faszinierendes Gesicht ich schon irgendwo gesehen zu haben glaubte. Es war Anna Wing, einst eine der ganz grossen Shakespeare-Darstellerinnen, und dann, als sie altershalber von der Bühne abtrat, die Grossmutter in der legendären, unendlichen Fernsehserie The Eastenders. Als sie vernahm, dass es da eine private Schweizer Kulturstiftung gab, die ihren Stipendiaten statt in der gemütlichen Vertrautheit von Hampstead, Islington, Bloomsbury, Chelsea, Fulham, Putney oder Camden, von der Nähe der sattsam bekannten Museen und Sehenswürdigkeiten, der Theater, Parks und Soho ganz zu schweigen, draussen im East End, in Stepney, gleich um die Ecke von Jack The Rippers Whitechapel, mitten unter Bangladeshis und jenen alten Juden, die den Absprung nach Golders Green nicht geschafft hätten, Unterschlupf biete, kam sie nicht nur nicht mehr aus dem Staunen heraus, sie fand es extremely brilliant, sagte es ihrem immensen Bekanntenkreis weiter, und der wiederum wollte uns unbedingt mit allen finstern Ecken, historischen Stätten, Philantropen, Verbrechern, Radikalen, Immigranten und Kneipen in unserer Wohngegend bekanntmachen.

Anna Wing, als wir uns der Geschichten, Legenden und Tips nicht mehr erwehren konnten, kramte eines Tages in ihrer bodenlosen Handtasche, übergab uns einen Schlüsselbund. Wenn immer wir des East Ends überdrüssig sein würden, sie besitze ein Häuschen unten in Brighton.

Es war ein grosses Haus auf einem Hügel. Die Stadt und das Meer mit den weit in die See hinaus gebauten Quais lagen uns zu Füssen.

Die damalige Öffentlichkeitsfrau der Whitechapel Art Gallery nahm uns fast ebenso bei der Hand wie die grosse alte Dame der Eastenders und brachte uns als erstes in den »Grave Maurice«, einen Pub in unmittelbarer Nähe der Whitechapel Tube Station. Hier traf sich in der dunklen Zeit des Londoner Ostens alles, was das Licht scheute. Ein wunderschöner Pub, dessen Manager, ein polnischer Immigrant mit einer sich oft stündlich verändernden Biographie, sich zurecht etwas darauf einbildete, seine Gäste nicht mit Geldspielautomaten und Wurlitzern zu belästigen.

Als ich auf die Idee kam, mich auf die Spuren des legendären Frauenmörders aus dem Jahr 1888 zu begeben und daraus unter dem Titel Jack & Ich eine Hörfolge fürs Schweizer Radio zu schreiben, konnte mir im »Grave Maurice« niemand weiterhelfen. Die meisten der das multikulturelle Bild der Gegend widerspiegelnden Gäste arbeiteten gleich über der Strasse im altehrwürdigen London Hospital.

Im letzten »Jewish Luncheon Club« in der Greatorex Street war schon etwas mehr zu erfahren. Im grossen, hellblau und weiss gestrichenen, sehr hohen Raum, wo es nebst den legendären »gefillte Fisch« eine reiche Auswahl an richtigem Fisch und Vegetarischem gab, ging es zur Lunchzeit (das Lokal war nur drei Stunden über Mittag geöffnet) extrem laut und gesellig zu und her. Wer etwas zu erzählen hatte, tat es laut, wer etwas zu fragen hatte, konnte sicher sein, mit mehreren Antworten um viele Ecken und Tische herum eingedeckt zu werden.

Bei »Bloom's«, im »weltweit bekanntesten Kosher-Restaurant« unweit der Aldgate East Tube Station tischte uns ein fusskranker, uralter Kellner nebst einem mehr als nur delikaten Gericht (der Geschmack der gedünsteten Hühnerhaut blieb trotz Seife und Shampoo tagelang im Schnurrbart haften) Geschichten auf, die sich selbst neben denen aus dem ottomanischen Reich mehr als nur sehen liessen. Er war jederzeit auch für totsichere Pferderenntips zu haben.

Mit Morris, unserem lauten Nachbarn, als er von meiner Affinität zu Jack The Ripper erfuhr, tingelte ich durch die letzten paar einschlägigen Pie and Mash Lokale des East Ends. Sofern ich ihm und den Leuten, in deren Kreise er mich einführte, Glauben schenken durfte, lernte ich dabei einen grossen Teil jener Männer kennen, die sich um die berüchtigten Kray Brothers, die Beherrscher der East End Unterwelt, scharten.

Ronald Kray hatte am 6. März 1966 im »Blind Beggar« an der Whitechapel Road in aller Öffentlichkeit George Cornell, einen seiner hartnäckigsten Rivalen erschossen. Ronnie Kray blieb selbst im Gefängnis, wo er im Frühling 1995 starb, der unangefochtene König der kleinen und grossen East End Ganoven. Sein Begräbnis am 29. März 1995 wurde zu einer einmaligen Triumphfahrt. In einem unübersehbaren Cortège von 25 schwarzen, mit Blumen überhäuften Limousinen wurde er durch sein Revier, durch die Strassen von Whitechapel, Stepney und Bethnal Green geführt. Zehntausende säumten seinen letzten Weg. Seit William Booth, dem Begründer der Heilsarmee und Winston Churchill soll in diesem Jahrhundert niemand mehr Anteilnahme erfahren haben.

Schritt für Schritt.

Bei der für die Smithy Street stadtauswärts nächstgelegenen Busstation an der Mile End Road steht William Booth mit mahnend ausgestrecktem Zeigefinger überlebensgross auf seinem Sockel. Der grosse, hagere Mann mit dem langen Bart hatte hier vor den düsteren East End Kneipen gegen Armut und soziale Not gepredigt, »Heaven in East End for everyone« versprochen und bald einmal festgestellt, dass selbst die schönsten und biblischsten Worte gegen Suff und Prostitution nichts ausrichteten. Die meisten seiner Auftritte endeten in bösen Krawallen und blutigen Schlägereien. Booth griff nicht selten selber ein und scheute sich nicht, seinen feurigen, in einer einfachen, allen verständlichen Sprache gehaltenen Predigten mit den Fäusten Nachdruck zu verschaffen. Als zunehmend charismatischere Gestalt machte er von Predigt zu Predigt mehr Menschen auf sich, das Elend in den überbevölkerten Slums und die bitter notwendige Hilfe aufmerksam. Seine Institution schaffte den Durchbruch 1878, als er seine Feinde, die Armut, die Prostitution, das Verbrechen, den Hunger, die Trunksucht und die Störefriede seiner Versammlungen militärisch organisiert zu bekämpfen begann. Erst seine Salvation Army machte das East End, Londons Schandfleck, östlich vom Tower zum Problem für die viktorianische Gesellschaft.

Im »Ten Bells« Pub an der Ecke Commercial Street/Fournier Street, im Schatten der Spitalfields Christ Church und in unmittelbarer Nähe des einst berühmt berüchtigten Obdachlosen- oder Itchy-Parks, steigt mittags eine blutjunge Frau auf ein grob gezimmertes Podest, die Jukebox heult auf, dreieinhalb Minuten später räkelt sich die Tänzerin nackt und lasziv vor vergilbten, faksimilierten Zeitungsseiten aus dem Jahr 1888. Die Musik bricht ab, über zwanzig Herren, uniforme, dunkle Anzüge, unauffällige Krawatten und meist gestreifte Hemden, stellen das Bier auf die Theke, applaudieren. Die Stripperin wirft sich ein Négligé über, bittet die Männer aus der nahen City mit einem leeren Henkelglas als Almosentopf in der Hand um die Gage.

»Some change!« imitiert einer der Banker die Stadtstreicher, die hinter die Liverpool Street Station, drüben im Brodgate Komplex zwischen die verspiegelten Büropaläste, Flanagans aufgespiesste Hasen und Boteros mächtige, pausbackige Venus umgezogen sind. Im Itchy Park kratzt sich keiner mehr.

An einer Wand des alten Pubs hängt eine makabere Gedenktafel mit den Namen der Frauen, die zwischen August und November 1888 in Whitechapel wahrscheinlich vom gleichen Mörder mit unübertrefflicher Grausamkeit umgebracht wurden. Bis 1988 war die Tafel an der Aussenwand befestigt, und das Lokal trug den Namen des nie gefassten, geschweige denn identifizierten und deshalb weltweit zum berüchtigten Gegenhelden gewordenen Mörders: Jack the Ripper. Frauenrechtlerinnen benutzten die Jahrhundertfeier der blutigen Ereignisse, und erzwangen die Umbenennung des Pubs. Der Name des grössten Frauenschänders aller Zeiten verschwand von der Fassade. »Ten Bells« sollte das Lokal wieder heissen, so wie damals, als Jack the Rippers letztes Opfer beim Vertrinken ihres wie immer letzten Geldes zum letzten Mal lebendig an der Theke gesehen wurde.

Bei einem weiteren Teller Pie and Mash, der Mahlzeit der Armen, erklärt mir ein Freund Morris' im feinen Nadelstreifen-Zweireiher, schmuddligem Hemd, schrägsitzender Krawatte, diverse Ringe an den gelbverrauchten Fingern durch fehlende Zähne in einem schier unverständlichen Cockney wie es sich damals mit den Morden verhielt: Ein Jack! Ja ja. Und von einer drucktechnisch verbesserten Presse zum einträglichen Geschäft um Mord, Sex und Korruption aufgemotzt. Selbst wenn der Schlächter gefasst worden wäre, sein wahrer Name hätte verschwiegen werden müssen. Der Täter war nämlich keine lüsterne Hebamme, kein Schlachthausarbeiter, nicht der Duke of Clarence, kein Enkel der grossen Viktoria, kein Verwandter des russischen Zaren, und einem Juden, so gerne die ewiggleichen Kreise wieder einmal ein Pogrom lanciert hätten, konnten die Verbrechen ebenfalls nicht in die Schuhe geschoben werden; er war weder ein Freimaurer noch ein verrückter Arzt aus dem gegenüberliegenden London Hospital. Der Mörder war ein gewisser Montague Druitt, ein abartiger Mensch, den man kurz nach dem letzten Opfer, nach Mary Kellys gewaltsamem Ableben, auch nicht mehr sehr ansehnlich aus der Themse fischte. Montague the Ripper! Kein Mensch hätte doch bei so einer Schlagzeile eine Zeitung gekauft.

Nachdem ich ein erstes Mal im Rahmen der »Historical Walks of London« einen »Jack the Ripper-Murder Trail« gebucht, und das Glück gehabt hatte, mit Dr. John, dem alten irischen Geschichtsprofessor unterwegs zu sein, begab ich mich abends oft in »The Ten Bells«, wo der Trail für zwanzig Minuten Halt machte, und die auf blutigen Spuren Wandernden einen »Ripper Tippe«, einen nach über hundertjährigem Rezept zusammengemixten mörderischen Cocktail vorgesetzt bekamen. Wer sich meist etwas scheu um halb acht bei der Whitechapel Untergrundstation einfand, wollte Blut lecken. Auch wenn die Tatorte längst nichts Grausliches mehr hergeben, ist da doch ein undefinierbares Kribbeln in den Nieren, die der widerliche Schlächter seinem vierten Opfer, der bedauernswerten Catherine Eddowes, aus dem Leib geschnitten und der noch bedauernswerteren Polizei hatte zukommen lassen. Nicht selten befinden sich ausgewiesene Kriminalisten und Habitués unter den nächtlichen Spaziergängern, die dem von Polly Nichols bis Mary Kelly sich gewaltig steigernden Historiker wie dem Lehrer auf einer Schulreise von einer Blutlache zur andern folgen. Höhepunkt ist jeweils die Schilderung des sechsten und letzten Mordes. »Ihre Eingeweide hingen wie englische Weihnachtsgirlanden quer durch ihre Absteige! Jack the Rippers grandioses Finale!«

Als ich bei meinem letzten Walk dem verehrten Dr. John zu bedenken gab, dass Jack nur fünf Frauen umgebracht hätte, die fälschlich auf der Gedenktafel aufgeführte Martha Turner bereits am 8. August 1888 nachweislich von einem betrunkenen Seemann massakriert worden sei, bedankte er sich und erklärte die Zweifel an Martha Turners Ableben als berechtigt. Als langjähriger Weggefährte der Opfer und des Täters gehe er mit den Ereignissen manchmal schon etwas zu familiär um.

Entlassen werden die mit viel historisch korrektem Hintergrund überschütteten Kriminalspaziergänger in der nah und näher rückenden City, wo das Lloyd's Gebäude unter kaltblauer Beleuchtung den Weg in eine andere Geisterwelt weist.

Ohne den Riegel des Bankenviertels
ohne den Docklands Wall
brächen die Westwindstürme
die Böen aus Südosten
ungebrochen über den Marktstand
des Früchte und Gemüsehändlers
bei der Whitechapel Tube Station
gegenüber dem London Hospital
herein
Richard Kelly
sechs Tage von 5 am bis 9 pm
auf den Beinen
und jeder Kunde
in der nichtabbrechenden Schlange
ist bis zur letzten Tomate zufrieden

Schritt für Schritt.

In der Vallance Road werden in niedrigen Schuppen Gebrauchtwagen versteigert. Die Abgase legen sich wie schmutzige Vorhänge über den »Laufsteg«, das unregelmässige Rattern nicht mehr einwandfreier Motoren wird vom Husten malträtierter Lungen übertönt. Die Gantrufer verlassen nach jedem dritten Wagen die Lautsprecheranlage, die jeder West-End-Disco gut anstünde, schnappen draussen nach kaum wesentlich besserer Luft, um darauf in noch unverständlicherem Tempo das fahrende Gut so anzupreisen, dass kein potentieller Käufer auf den Gedanken kommen kann, sowohl mit der Herkunft als auch mit der Qualität der zum Teil fabrikneuen Autos könnte etwas nicht stimmen.

Auf den grossen Sonntagsmärkten in der Brick Lane, der Pettitcoat Lane oder nun immer mehr auch in der Vallance Road, kann ohne grosse Phantasie immer noch etwas von der Ghettostimmung der letzten Jahrhundertwende verspürt werden. In den Seitengassen werden die letzten Habseligkeiten feilgeboten, gekauft und verwertet. Einzelne Schuhe wechseln den Besitzer, filigraner Schmuck wird von Antiquitätenhändlern aufgestöbert.

Und die Prostitution? Das Elend der Alkoholiker und Obdachlosen?

Zwischen Whitechapel und Aldgate East steht neben dem Victoria Home, dem ersten Heilsarmeeheim, das Booth House, ein Zufluchtsort für diejenigen, deren Lebensumstände mit der Zeit nicht Schritt gehalten haben. Im East End seien die Verhältnisse überschaubar geworden, geben die Salutisten nicht ganz ohne Stolz zu verstehen. Das Elend präsentiere sich heute dort am auffallendsten, wo es von der prosperierenden Mehrheit auch wahrgenommen werden könne.

Ende des letzten Jahrhunderts musste Frederik Charrington, Sohn einer Bierbrauerdynastie, vor einer Kneipe mit ansehen, wie eine Frau, die ihren Mann um ein bisschen Geld für ihre hungernden Kinder bat und ihn aus dem Lokal holen wollte, von dem Trunkenbold brutal zusammengeschlagen und samt ihren Kindern im Rinnstein liegengelassen wurde. Als der feine Mister Charrington der Frau helfen wollte, sah er über der Kneipe in grossen Lettern seinen Namen wie das Auge Gottes auf ihn herunterstarren. Er liess sich seinen Teil des Erbes auszahlen und wurde zum kompromisslosen Guttempler. Der Name Charrington stand ab sofort sowohl für Bier als auch für Kampf gegen Alkohol. Auch heute noch.

Keiner fragte
woher sie kam
und ritt auf direktem Weg
via Hackney
zum Fest des Vizekonsuls
sass auf einer Spinne
überquerte die Roman Road
wusste mit Weihnachten
nichts anzufangen

setzte sich dennoch eine falsche Nase auf
sah auf Chanel 4
was in der Welt an Ungutem geschah
kaufte sich 2 Feuerzeuge
für l£
und setzte die Rosengirlanden in Brand

Heute bestimmen Bangalen und Somalis das Stadtbild, Menschen, die sich wie einst die Hugenotten und Juden zuerst draussen im East End niederliessen, Menschen, die in ihren Herkunftsländern fürs nackte Überleben hatten kämpfen müssen und hier, um nicht erneut unter die Räder zu kommen, sich ebenso bis zur Erschöpfung einem wenig erfreulichen Erwerbsleben zu stellen haben.

Schritt für Schritt bis Brick Lane Nummer 59. Hier bauten sich 1742 vertriebene Hugenotten eine Kirche, und wie alle, die nach einer Flucht erst einmal bei den Docks gestrandet waren und neue Hoffnungen schöpften, arbeiteten auch sie sich zielbewusst westwärts und überliessen etwas mehr als sechzig Jahre später das Gotteshaus einer Methodistengemeinde. Als in der zweiten Hälfte des letzten Jahrhunderts eine jüdische Einwandererwelle über das East End hereinschwappte, wurde die Kirche 1897 zur Great-Spitalfields-Synagoge, und jetzt, seit der jüdische Weltkongress dem Deal zustimmte, beten freitags zweitausend Männer in der Brick-Lane-Moschee.

»Gott hat viele Namen«, und obschon er in der Regel allen Menschen recht gibt, fehlt uns die Gewissheit, ob und wie gerne er die einmal hier heimisch gewordenen Gläubigen wieder weiterziehen lässt, westwärts, wo die Versuchungen der christlichen Welt in einem weitaus gefährlicheren Ausmass auf sie und vor allem auf ihre Kinder lauern. Der Präsident der Moschee, der auch ein rühriges Kulturzentrum angegliedert ist, zeigt sich bei einem gemeinsamen Abendessen in einem Tandoori Restaurant in der Brick Lane am Modell der Zuger Kulturstiftung Landis & Gyr äusserst interessiert. Da die Welt sich nun einmal gegen die ärmeren Länder und Völker verschworen habe, und er die nächste Einwandererflut unvermeidbar heranrollen sieht, erkundigt er sich sehr diskret, wie und auf welchem Weg grössere Geldsummen in sicheren Werten anzulegen und am unauffälligsten nach Zürich zu transferieren wären. Er kennt die Künstlerhäuser an der Smithy Street. Nebenan sei doch die fast ausschliesslich von Bangladeshikindern besuchte Schule, und wer nicht regelmässig zur Arbeit sein Haus verlasse, falle auf.

Mir dagegen war aufgefallen, wie in den East End Schulen die christlich getauften oder zumindest die englischen Kinder eine Quantité négligeable sind. Rassen- oder schwelende Minderheitenprobleme sind abgesehen von einigen rivalisierenden Jugendclans kaum festzustellen. Seit ausgerechnet im traditionellen Labour-Stammgebiet East End die Rechtsradikalen Erfolg hatten, kam es immer häufiger zu spontanen Solidaritätskundgebungen mit grosser multikultureller Beteiligung. Dennoch pfeifen es die vor allem im Winter massenhaft einfallenden Stare von allen Dächern und Bäumen: Kommt es zu Spannungen zwischen der weissen Minderheit und leider auch hier immer öfter sich ins Rampenlicht drängenden farbigen Fundamentalisten, würden die Probleme stets zugunsten der Muslime gelöst.

Jeden Morgen bringen unzählige nach der Tradition Bangladeshs gekleidete Grossväter ihre längst britisch gewordenen Enkel zur Schule. Die Väter arbeiten nachweislich härter als ihre englischen Kollegen und finden kaum Zeit, sich den bohrenden Fragen der Kids zu stellen. Der Konflikt ist nahezu in jeder Familie mit Söhnen vorprogrammiert. Die Mädchen, so traurig oder froh das einen auch stimmen mag, sind etwas länger an der Leine der Traditionen zu führen. Während der Pausen tönt es vom Schulhof her kein bisschen anders als drüben in Chelsea oder Oerlikon. Ich meine, dass der Schulbetrieb sogar bedeutend disziplinierter ist, und die Lehrerinnen und Lehrer im East End unsere Probleme mit Kindern aus anderen Kulturen und der daraus resultierenden Angst vor Überfremdung und Benachteiligung der eigenen Kinder nicht ohne weiteres begreifen würden.

Schritt für Schritt.

Ein Stück vom alten East End blieb in einem renovationsbedürftigen, viktorianischen Badehaus in Bethnal Green erhalten. Dort, in der Cheshire Street, wo sonntags der Brick Lane Market am armseligsten beginnt, trainieren die Repton Boys, die zumindest sportlich gefürchteten Mitglieder des traditionsreichsten, nach Aussagen der Manager seit 25 Jahren nie mehr geschlagenen Box Club. Die Institution wurde 1884 als East End Mission und philantropische Geste der vornehmen Repton School in den Midlands gegründet. Die Herren der gehobenen und folgerichtig besseren Gesellschaft hatten damals die edle Absicht, die Grossstadtkinder aus dem Dreck und von der Strasse zu holen, sie statt mit Messern mit den Fäusten kämpfen zu lehren. Die Augen des alten Ehrenpräsidenten leuchten auf, wenn er aus der ruhmreichen Geschichte erzählt. Das East End hat mit seinen offenkundigen sozialen Problemen tatsächlich immer wieder begnadete Boxer in die Ringe und ihre Gegner auf die Matten geschickt. Auch heute sind mehr als fünfzig Prozent der erwachsenen Klubmitglieder arbeitslos. Viele leben im Ring unter der architektonisch bedeutsamen Kuppel ihre Vergeltung für all das aus, was sie täglich an Erniedrigungen einzustecken haben, und wie vor hundert Jahren versuchen sie das Messer zu vergessen, setzen eine Zeitlang ihre ganzen Hoffnungen auf den Sport, hören auf die erfahrenen älteren Boxer und wollen alle zumindest wie Frank Bruno werden. Die Trainer lachen. Sie sind überzeugt, dass das einst grosse Idol heute keine boxerische Vorbildfunktion mehr haben dürfte, zumal die meisten Repton Boys den als Boxer abgehalfterten Showman bereits in der ersten Runde k.o. schlagen würden.

Dass mir die harten Jungs, die das nötige Zeug und den Willen zum grossen Boxer kaum aufbringen würden, wichtiger sind, enttäuscht den Betreuer masslos. Dennoch verrät er mir, wo ich sie nach dem Training antreffen könnte. Einige erkenne ich beim Clubbing im einschlägigen »White Horse« in Bethnal Green Road wieder. Der Striptease ist schon über Mittag bedeutend härter als im »Ten Bells«. Die sich nach dem Lunch mit einem Bier in der Hand zerstreuenden City-Leute sind nicht mehr vertreten, die Getränke, vor allem die harten Sachen, sind billiger als anderswo, zumindest als im Westen. Weil Musik die Gespräche verhindert, verständigt man sich mit eindeutigen Zeichen, und die Gagen der bedeutend älteren, freizügigeren und auch abgebrühteren Damen läppern sich leichter zusammen. Gibt sich ein Gast zu knausrig, sieht er sich unvermittelt von ein paar Männern umgeben, deren Fäuste auch ohne Handschuhe zuzuschlagen wüssten, und Kopfschützer, wie die Sparringpartner sie bei den Repton Boys trugen, werden beim Betreten des Pubs keine abgegeben.

Die Ezra Street
draussen in Hackney
off Colobia Road
getrickste Kakteen
Primeln und Tulpen
auf der siebten Etage zerbrochenes Glas
mit Zeitungen dichtgestopft
Winterginster
getrocknete Rosen
Blumenlandschaften
draussen
unter zerschlissenen Spinnengeweben
verirrter Zeisig
im Gummibaum
toilets sunday only
werktags führt ein Radweg nach Shoreditch
in den Falten gealterter Blumenkinder
wächst wie auf besungenen Gräbern
der Seidelbast
Jeans
aus den auch nicht mehr was früher
West End Shops
modisch verkommen
für gig and gay

Schritt für Schritt.
Kaum ein Steinwurf von der Smithy Street entfernt treffen sich im »Artichoke Pub« ebenfalls Boxer. Der eine oder andere mag vom Aussehen her tatsächlich mal im Ring gestanden sein, die meisten Männer aber, die sich an den vom Fernsehen übertragenen Kämpfen ergötzen, leben von Erinnerungen und vom Bier, das auf der anderen Seite der Bar, im Gesellschaftsraum etwas weniger lauthals abgezapft und getrunken wird. Zwei Klassen werden hier einzig durch zwei Theken und breite Flaschen- und Gläserregale getrennt. Auf beiden Seiten gehören die Gäste zwar ausnahmslos der working class an, wobei die einen aber arbeiten und die andern diesem Privileg aus was auch immer für Gründen verlustig gegangen sind. Auf der rauheren Seite des

Lokals erinnert eine mehrere Quadratmeter grosse Fotografie an die historische Belagerung der Sidney Street. Hier hatten sich die Gangster und Anarchisten verschanzt, die am 17. Dezember 1910 nach einem Banküberfall in Shoreditch erstmals drei unbewaffnete Polizisten erschossen und für ein landesweites Entsetzen gesorgt hatten. Auf dem Bild streckt ein jüngerer Mann im Zylinder seinen Kopf auffallend keck hinter einer Hausecke hervor. Beim näheren und genaueren Hinsehen soll man den damaligen Einsatzleiter, Innenminister Winston Churchill erkennen. Die Häuser, die während der Belagerung der Sidney Street für Schlagzeilen sorgten, stehen nicht mehr. Nicht einmal mehr eine Tafel weist auf eines der erschütterndsten Ereignisse in der Geschichte der englischen Polizei hin.

April 1991
Joanne Weedon, 40, erstochen, Manor Park
Jonathan Putt, 25, erstochen, Tower Bridge
Roy Edward Lungley, 45, erstochen, Woolwich
Derrick Harold Lev, 40, erdrosselt, Golders Green
Olanka Onobda Gunboro, 25, erstochen, Plumstead
Clubunmi Pikuda, 3 Monate, erstochen, Plumstead
Thomas George Cosleton, 44, erstochen, Beckenham
Germaine Fisher, 17, erschlagen und erstochen, Hackney
Vandanaben Patel, 36, erdrosselt und erstochen, Tottenham

Hundert Jahre seien keine Zeit, meint ein junger Mann in einem Pub beim Stadion der andern ruhmreichen East End-Sportinstitution. Der Match West Ham United gegen ein Team, dessen Name überheblich schon gar nicht erst erwähnt wird, hat längst begonnen. Zurückgeblieben ist der harte Kern der bedingungslosen Fans, ein paar Leute, die sich von keinem Polizisten abtasten und zwischen die Beine greifen lassen. In Wirklichkeit, gibt im Laufe des Abends einer zu, könnten sie sich den teuren Sport, das Eintrittsticket gar nicht leisten. Ein paar Biere sind billiger als ein Stehplatz, und bald sollen ohnehin alle zum Sitzen verurteilt werden.

Nach dem Match wird's entschieden lauter. Grobheiten können im letzten Moment aber immer wieder geschlichtet werden. Zum Glück fürs Mobiliar hat West Ham gewonnen. Schon vor 100 Jahren hätten die feinen Pinkel es immer wieder versucht, die East Ender aus dem Mief von Alkohol, Prostitution und Kriminalität herauszuholen, und immer noch würden die nicht minder kriminellen social worker sie rücksichtslos fallen lassen, wenn nicht bereits am nächsten Tag ein Erfolg abzusehen sei. Zäh und mühsam müsse ein geregeltes Leben erst gelernt werden.

Der Gasmann spricht zu schnell
und langsam akzentuiert
brechen die Wörter auf der Zunge
wie feuchter Zwieback auseinander

die Ratten tragen schwer an ihren langen Schwänzen
bei Limehouse
zwischen zwei Lagerhallen über lose Bretter
schleimigen Kehrichtsäcken
das Messer in die Eingeweide rammen
Ebbe
lässt die Themse endlich abwärtsfliessen

Im »Lahore Kebab House« an der Umberton Street, der besten Curryküche Londons, lerne ich den Mann kennen, der auf der andern Seite der Strasse eine kleine Textilmanufaktur betreibt. Er erzählt die Geschichte vom ersten weissen Gast und wie der das Brot zu tief ins Linsengericht tunchte und anschliessend den Verlust seiner Fingerkuppen beklagte. Nach langem Zögern zeigt er mir seine Fabrik, und das Lachen vergeht ihm zusehends. Jeden Tag macht ihn ein unmenschliches System zum Lügner. Sagt er seinen Arbeiterinnen und Arbeitern, möglicherweise gebe es morgen keine Arbeit, kommt morgen keiner. Jeder sucht sich, weil jeder überleben will, irgendeinen andern Job. Und dann schneit ihm doch ein Auftrag unters Dach. Also gibt er jeden Abend vor, morgen Arbeit in Hülle und Fülle anbieten zu können und schickt anderntags die Hälfte der Belegschaft mit lächerlichen, erniedrigenden Ausreden nach Hause.
    Illegal?
    Der Name der Manufaktur wird in einem etwas schnelleren Rhythmus als der des bürokratischen Trotts der Steuerbeamten gewechselt.
    Legal? Ohne die nahezu rechtlosen, billigen Bangladeshis, Inder, Türken, Somalis und Pakistanis könnten sich die Frauen der Engländer keinen modischen Mantel für kaum fünfzig Pfund Sterling kaufen. Er, sagt er stolz, korrigiere mit tausend andern halblegalen Textilproduzenten den ungerechten Arbeitsmarkt. Gesprochen wird in der zugigen Halle kaum. Alle arbeiten im Akkord. Jede und jeder konzentriert sich auf seinen Arbeitsvorgang, auf seine Maschine. Die meisten würden einander ohnehin nicht verstehen. Englisch zu lernen fällt in der Illegalität noch schwerer als wenn man sich teure Stunden leisten muss.
    Hinter dem Brauereigebäude an der Whitechapel Road, das unter Berücksichtigung der schützenswerten Architektur in ein Appartementhaus umgebaut wird, entstand ein neues Einkaufszentrum. Für die Stipendiaten ideal. Der neue Sainsbury erspart den Weg hinunter zum Watney Market an der Commercial Road. Für die vielen kleinen Läden der Immigranten muss das schlimmste befürchtet werden. Eine weitläufige Abteilung mit orientalischen und koscheren Lebensmitteln. Die Sterilität, kein einziges Gewürz verbreitet mehr den Duft des orientalischen East End, mag vorerst die Käufer noch auf Distanz halten.
    Bleibt noch die Cannon Street Road, eine der einst von der Commercial Road abgehenden rein jüdischen Geschäftsstrassen. Zwar wird auch hier radikal saniert. Kaum ein altes Firmenschild ist übriggeblieben. Nur noch Barry Rogg hält aus. In seinem Laden ist alles zu haben, was die paar wenigen, mittlerweile uralt gewordenen jüdi-

schen Herzen erfreut. Die einträglichere Kundschaft lebt anderswo, weiss aber die unzähligen in Essig und anderen geheimnisvollen Flüssigkeiten eingelegten Köstlichkeiten immer noch zu schätzen. Keiner, und möge er eine noch so schwere Jugend gehabt haben, denke und handle aber mehr, wie einst die echten Docker gelebt hätten.

Hatten sie ein Pfund verdient, gaben sie auch ein Pfund aus. Bei allem Elend, bei der ganzen Misere mit der Kriminalität und den noch schlimmeren Auswüchsen in den entsetzlich engen Wohnverhältnissen, hatten die East Ender immerhin auch noch ihren Stolz, setzten sich zur Wehr, gaben nicht auf und suchten nicht westwärts bei den wohlhabenderen Bürgern Unterschlupf. Aber eben. Gegen die fixe Idee, die Häuser der Docker zu schleifen und im Revier Jack the Rippers ein gigantisches Handels- und Kommunikationszentrum entstehen zu lassen, dagegen wachse selbst in seinen nahezu biblisch alten Töpfen kein Kraut mehr.

Durch die Baulücken hindurch waren immer wieder die zwei halbhohen, grösstenteils leerstehenden Hochhäuser zu sehen. »Killer Dust« war über mehrere Fenster hinweg geschrieben. Die auf Fertigelementen aus Asbestzement basierenden Häuser werden mittlerweile abgerissen. Wie das Skelett eines die Themse heraufgewateten Dinosauriers sieht das übriggebliebene Gerippe der einen Ruine aus.

Noch kaufen die meisten Bewohner der Smithy Street ihr Brot beim jüdischen Bäcker, noch treffen sich ein paar ältere Leute jeden Morgen beim Hühner- und Eierhändler, reden über Gott und die Welt und wie ebendieser es zuliess, dass alles ganz so wurde. Nach wie vor kauft man sich seine Zeitung beim Inder und informiert sich über die Cricket-, Rugby- und Fussballresultate. Diese Reihenfolge wird so lange eingehalten werden, bis er mit seinen Auswandererträumen wahrmacht. Immer ernsthafter denkt er an eine Veränderung nach Amerika, wo es für einen Inder trotz meteorologischer Kapriolen eben doch wärmer sein soll als im kalten England. Am liebsten wechselt er auf eine Zwanzigpfundnote und verweist einen auf die Cricketszene auf dem Zehnpfundschein. Charles Dickens, Pickwick Papers. All Muggelton gegen die Mannschaft von Dingley Dell. Ein Cricket Match, der 1836 ganze Städte aus stumpfer Langeweile riss und in eine unenglische, fiebrige Aufregung versetzte.

Wie gesagt, von Charles Dickens beschrieben.

Am Ende meines London Jahres hatte mich das Cricket-Fieber endgültig gepackt. Ich war über fünfzig Kilometer dem Grand Union Canal, dem verträumten Wasserweg aus dem letzten Jahrhundert von Limehouse bis Brentford an der Themse quer durch London entlangspaziert, hatte mich mit den Kanalfischern und dem letzten Schleusenwärter angefreundet und eine Unzahl von unterschiedlichsten Pubs mit noch unterschiedlicheren Gästen und ein sehr verstecktes Stück London kennengelernt. Ich suchte alle öffentlichen Skulpturen Henry Moores auf, lernte London, immer noch ohne den Stadtrand gesehen zu haben, noch etwas besser kennen und glaubte dabei ein paar Dinge des englischen Klassendenkens begriffen zu haben. Ich verteilte mit einer Gruppe Salutisten mehrere Nächte Suppe, Sandwiches, Seifen und Decken unter den Obdachlosen von der City bis zum Rotlichtdistrikt um Kings Cross, ich lernte die Fleischträger im wunderschönen, einer Kathedrale ähnlichen Smithfield Meat

Market kennen, wurde dabei einmal am Kragen an einen Fleischhaken gehängt und musste morgens um fünf auf nüchternen Magen ein Frühstück mit drei Spiegeleiern, gebratenem Speck, Blackpudding, Kalbsnieren, weissen Bohnen, einer Bratwurst und dicken, von Butter triefenden Toastschnitten essen, ich war Mitglied des Kings Head Theaterclubs von Islington, ich habe im West End Vanessa Redgrave in »When she danced« gesehen und Peter O'Tooles alkoholisierten Atem gerochen, als er in einem schlechten Stück einen dem Whisky verfallenen alten Mann spielte. Ich habe die besuchten Konzerte ebensowenig gezählt wie die Pints of Bitter in der unnachahmlichen Gesellschaft gesprächiger Engländer, ich habe nie begriffen, wie man nach einem stundenlangen Lunch nachmittags noch arbeiten kann. Ich habe über wortwörtlich umwerfende Einmanshows lachen gelernt, aber nirgends habe ich so viel über die Komplexität des Insel- und Commonwealthdenkens mitbekommen, wie wenn elf Männer in weissen Hosen, weissen, oft mit Bieremblemen geschmückten Hemden und beigen, meist ärmellosen, V-förmig ausgeschnittenen Pullovern verteilt auf einem weiten, von einer dicken im Gras liegenden Kordel abgegrenzten Rasenoval standen. In der Mitte des Feldes, Bandenreklamen und Publikum gehörten mit dazu, befand sich ein 20,12 Meter langer und 3,04 Meter breiter besonders gepflegter und dennoch immer bis auf die Grasnarbe abgewetzter Streifen, an dessen beiden Enden drei senkrechte, 71,1 Zentimeter hohe Stäbe so weit auseinander standen, dass ein an Umfang zwischen 22,4 Zentimetern und 9 Zoll messender Lederball nicht durch die Zwischenräume geworfen werden konnte. Über den senkrechten Stäben lagen zwei lose waagrechte Hölzchen. Kamen diese zu Fall, warfen die auf dem Feld verteilten Spieler die Arme in die Luft, gestikulierten wild. Nie hingegen zeigten sie so ungehemmte Begeisterung wie die anderen elf Spieler, die auf einem ähnlichen Feld einen grösseren Ball mit den Füssen in ein Tor treten, das bloss aus zwei sehr weit auseinander gesetzten Pfosten besteht. Auf dem Mittelstreifen, jeweils vor den senkrechten und waagrechten Stäben und Hölzchen, den Stumps und den Bails, warteten zwei Männer mit Beinschonern, einem Helm mit Gesichtsschutz und grossen Handschuhen, in denen sie einen hölzernen, nicht ganz einen Meter langen und zehn Zentimeter breiten Schläger hielten, auf den von den Feldspielern nach einem vehementen Anlauf mit gestrecktem Ellbogen zuerst so auf den Boden geworfenen, roten, mit Kork gefüllten Lederball, dass er nach dem Abprall mit dem Schlagholz entweder blockiert, nach vorn, seitwärts oder nach hinten ins Feld geschlagen werden konnte. Erwischte der Schlagmann den Ball nicht, und kamen die waagrechten Hölzchen zu Fall, musste der fehlbare Batsman geschlagen das Feld verlassen. Gelang es ihm aber, den Ball so wegzuschlagen, dass er, bevor das kleine Leder von den Fieldern zu einem Mann, ebenfalls mit Helm, aber ausgerüstet mit Fanghandschuhen, zurückgeworfen wurde, mit seinem Gegenüber die Position ein-, zwei oder mehrmals zu wechseln, also ein-, zwei- oder mehrmals zwischen den 20 Meter voneinander entfernten Stäben hin und her wechseln konnte, wurden der schlagenden Mannschaft Punkte oder Runs gutgeschrieben. Flog der Ball so weit, dass er schlussendlich über die abgrenzende Kordel rollte, gab es vier Punkte, und landete er, ohne zuvor den Rasen berührt zu haben, hinter der Boundary, gab es einen

Sechser. Fing hingegen ein Feldspieler den vom Schläger getroffenen Ball direkt in der Luft ab, geschah dasselbe wie beim Fall der waagrechten Hölzchen: Die Feldspieler verwarfen die Hände himmelwärts, und der abgefangene Batsman verliess das Feld, um in exakt vorgeschriebener Zeit durch einen neuen, es sei denn, neun seiner Teamgefährten wären vor ihm ebenso geschlagen abgegangen, ersetzt zu werden. Abgerundet wurde das fürs Auge äusserst beruhigende, oval gefasste Bild durch zwei Schiedsrichter, cricketerfahrene Männer, nach einer sportlichen Karriere meist etwas rundlich gewordene Stoiker mit ein paar wenigen, sehr kleinen, aber nicht minder autoritären Handzeichen. Im Gegensatz zu den Spielern trugen sie schwarze Hosen und einen weissen, halblangen Mantel, wie ihn Lebensmittelverkäufer in kleineren und grösseren Geschäften oder auch die Träger im Smithfield Fleischmarkt zum Schutz ihrer Kleider tragen. Ihnen oblag nicht bloss die unparteiische Spielführung, sie dienten den leicht ins Schwitzen geratenden Werfern als mobile Garderobenständer. Was unter der englischen Sonne beim Abgeben des Balles zu heiss geben konnte, wurde hinten in den zur Jacke gehörenden Gürtel gesteckt. Cricket ist ein sehr altes indisches Spiel, das zufällig von den Briten erfunden wurde und im Kolonialstil die Welt eroberte.

Bemerkenswert
der nicht völlig aus der Luft gegriffene
Verdacht
Dermot Reeve habe das Feuer
welches ihm gegen Neuseeland
an den Fersen brannte
und Flügel verlieh
etwas zu sehr unter Kontrolle gebracht
und so sehr Graham Gooche
mit seiner ironischen Selbstbezichtigung
mehr und mehr zu vergreisen
doch wohl eher bekräftigen möchte
er sei weit davon entfernt
ein alter Mann zu sein
ein Hauch von Lustlosigkeit
darf beim Captain des Englischen Cricket Teams
sowohl auf
als auch neben dem Oval
nicht übersehen werden
dennoch 11-4-36-2

Vieles mag in den letzten hundert Jahren zur Legende geworden sein. Die Geschichte, die in Whitechapel, Stepney, Bethnal Green und unten in Limehouse oder Wapping an der Themse kaum oder gar keine Hinweistafeln besitzt, höchstens mal, dass Charles Dickens hier war, will selber entdeckt werden, in finsteren Passagen, schmuddligen Pubs und auf den wunderschönen Märkten aus ihren Verstecken geholt werden. Nicht vergebens lassen sich immer mehr Kunstschaffende hier nieder, finden in verlassenen Fabriken, in leeren Lagerhallen und Feuerwachen ideale Ateliers. Eine der Organisationen, die sich den Umbau von leerem Industrieraum zur Aufgabe gemacht hat, die ACME Artists Housing Association, betreut ebenfalls die Häuschen an der Smithy Street. Fünf sind es mittlerweile. Ende Juni 1995 wurde mit einem Festakt das neue Atelierhaus mit einem Musikraum, einer Dunkelkammer und einem Writers Room eingeweiht. Im grosszügigen Atelier spielten die London Mozart Players, und unter den Gästen waren mehrere Anwohner zu sehen. Landis & Gyr steht nicht mehr nur für elektronische Geräte. Das kleine autonome Schweizer Kulturzentrum ist zu einem Begriff im East End geworden. Nebst den kontinuierlich wechselnden Künstlern sorgt vor allem auch David Panton, der Direktor der ACME für eine exzellente Imagepflege. Ihm obliegt die Aufgabe, die von einer Fachjury »Auserwählten«, einmal in London angekommen und mit einem sehr respektablen Unterhaltsgeld versehen, sachte ins East End einzuführen. Seine Kenntnisse der Örtlichkeiten, der Behörden, der Pubs, der Künstler und ihren Ateliers sind von unschätzbarem Wert.

Um sich über die kleinen und grossen Sorgen der heutigen East Ender, der wenigen Engländer und sehr vielen Einwanderer ein zuverlässiges Bild zu machen, gibt es ebensoviele Möglichkeiten wie die Zahl der bisherigen und zukünftigen Stipendiaten. Eine der besten wird immer die bleiben, sich in die Reihe der Käufer bei Richard Kelly, Fruit and Vegetable, ausserhalb der Whitechapel Untergrundbahn Station zu stellen. Er, der jeden Apfel zuerst rundum dreht, bevor er ihn verkauft, weiss alles. Und sollte er mal um eine Auskunft, einen Rat oder einen Tip verlegen sein, gibt es in der Warteschlange bestimmt eine Frau oder einen Mann, der weiterhelfen kann.

Lieber Heinz Hertach, es ist weiss Gott kein Wunder, dass sich einige der bisher rund fünfunddreissig Stipendiaten nach einer ständigen Bleibe im East End umgesehen haben und die Zahl der Bewerber ständig steigt.

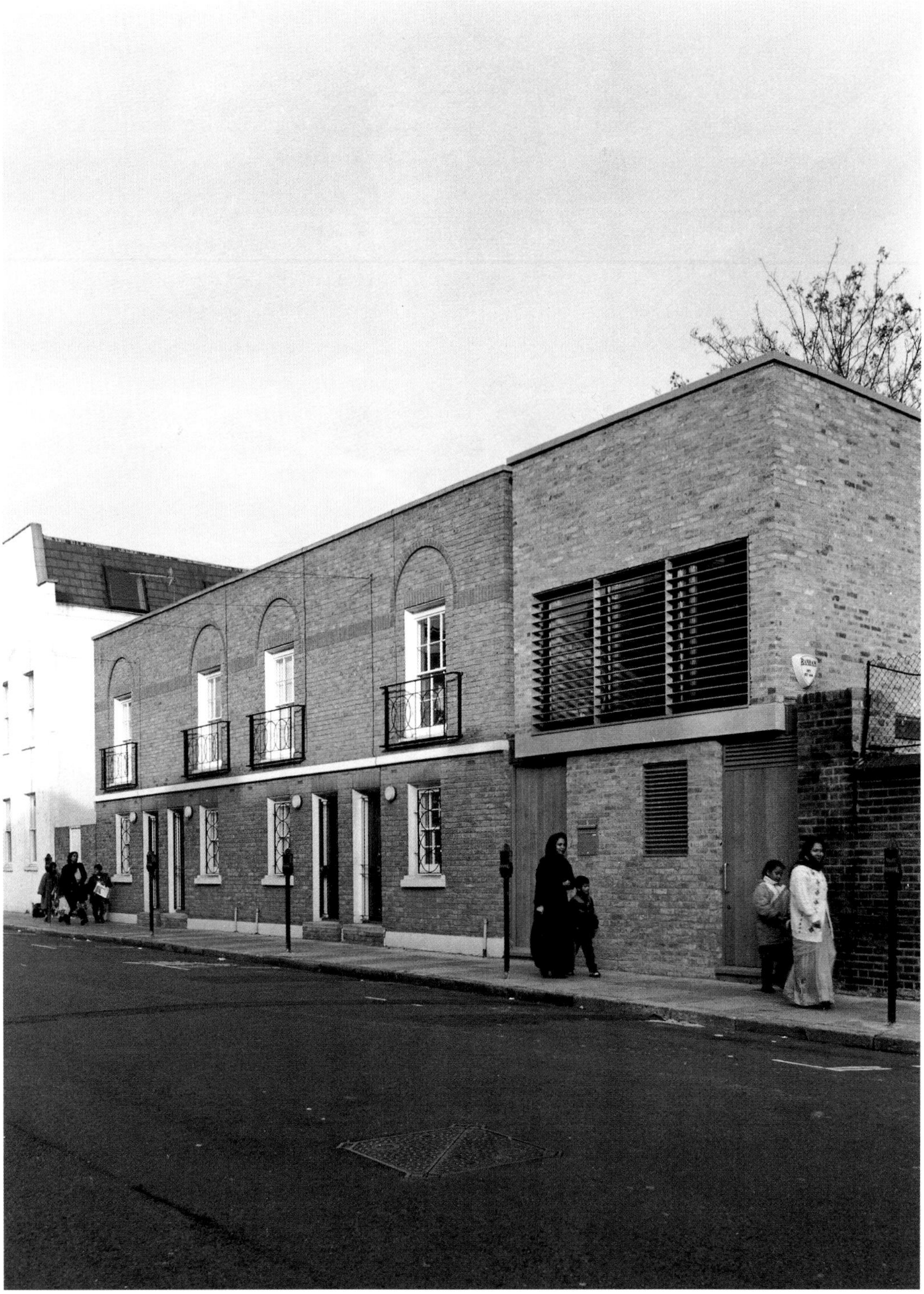

1–5, Smithy Street

Die Häuser und das Ateliergebäude in London

1987 Erwerb Haus Nr. 2; 1988 Erwerb Haus Nr. 1; 1989 Erwerb Haus Nr. 3; 1992 Erwerb Haus Nr. 4; 1994 Erwerb des an Haus Nr. 4 angrenzenden Grundstückes von der Gemeinde Tower Hamlets; 1995 Bezug des neuen, durch Architekt Robert Barnes geplanten Ateliergebäudes an der Smithy Street Nr. 5.

Von 1987 bis 1995 hat die Zuger Kulturstiftung Landis & Gyr von ACME* an der Carpenters Road 101–107 ein grosses Atelier gemietet. Nachdem die Stiftung 1994 das an ihre Häuser anschliessende Grundstück erwerben konnte, wurde darauf 1995 ein Gebäude mit Atelier für bildende Kunst, Dunkelkammer, Musikraum und Schriftstellerzimmer erstellt.

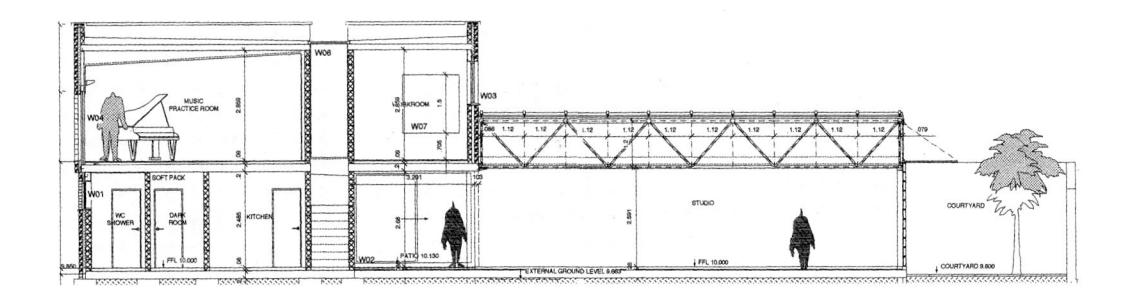

* Die ACME Artists Housing Association Ltd. ist eine gemeinnützige Institution, die bildenden Künstlern in Ostlondon billige Arbeitsräume und Wohnmöglichkeiten zur Verfügung stellt. Sie übernimmt zu diesem Zweck alte Industriebauten sowie leerstehende Lagerhäuser für 10–20 Jahre und schafft darin Arbeitsräume für Künstlerinnen und Künstler. ACME verfügt heute über 700 Ateliers an 14 verschiedenen Orten in Ostlondon und über 70 Wohnmöglichkeiten für Künstlerinnen und Künstler. Der Präsident von ACME, David Panton, hat die Funktion eines Vertrauens- und Verbindungsmannes zur Zuger Kulturstiftung Landis & Gyr übernommen. Ohne seine Hilfe wäre es kaum möglich gewesen, dieses Kulturzentrum in London aufzubauen. David Panton ist auch Anlaufstelle für die in London weilenden Künstlerinnen und Künstler der Zuger Kulturstiftung Landis & Gyr.

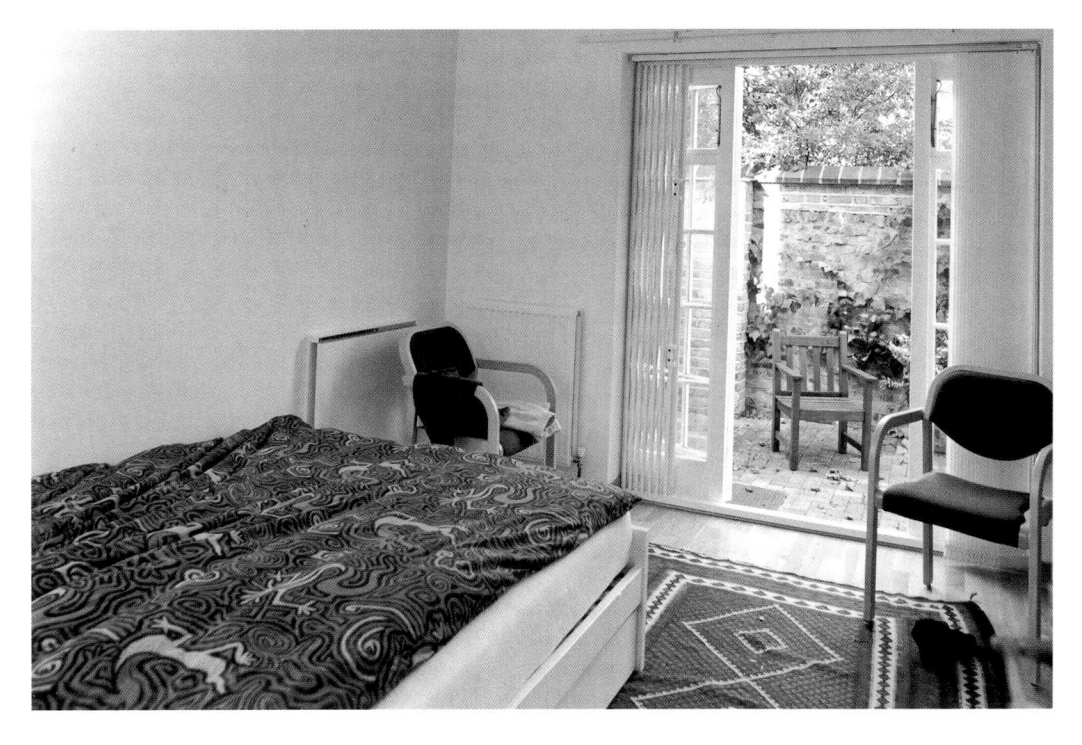

Haus Nr. 1, Arbeitszimmer im Obergeschoss
Haus Nr. 1, Schlafzimmer im Erdgeschoss

Haus Nr. 5, Musikzimmer im Obergeschoss
Haus Nr. 5, Ateliertrakt im Erdgeschoss

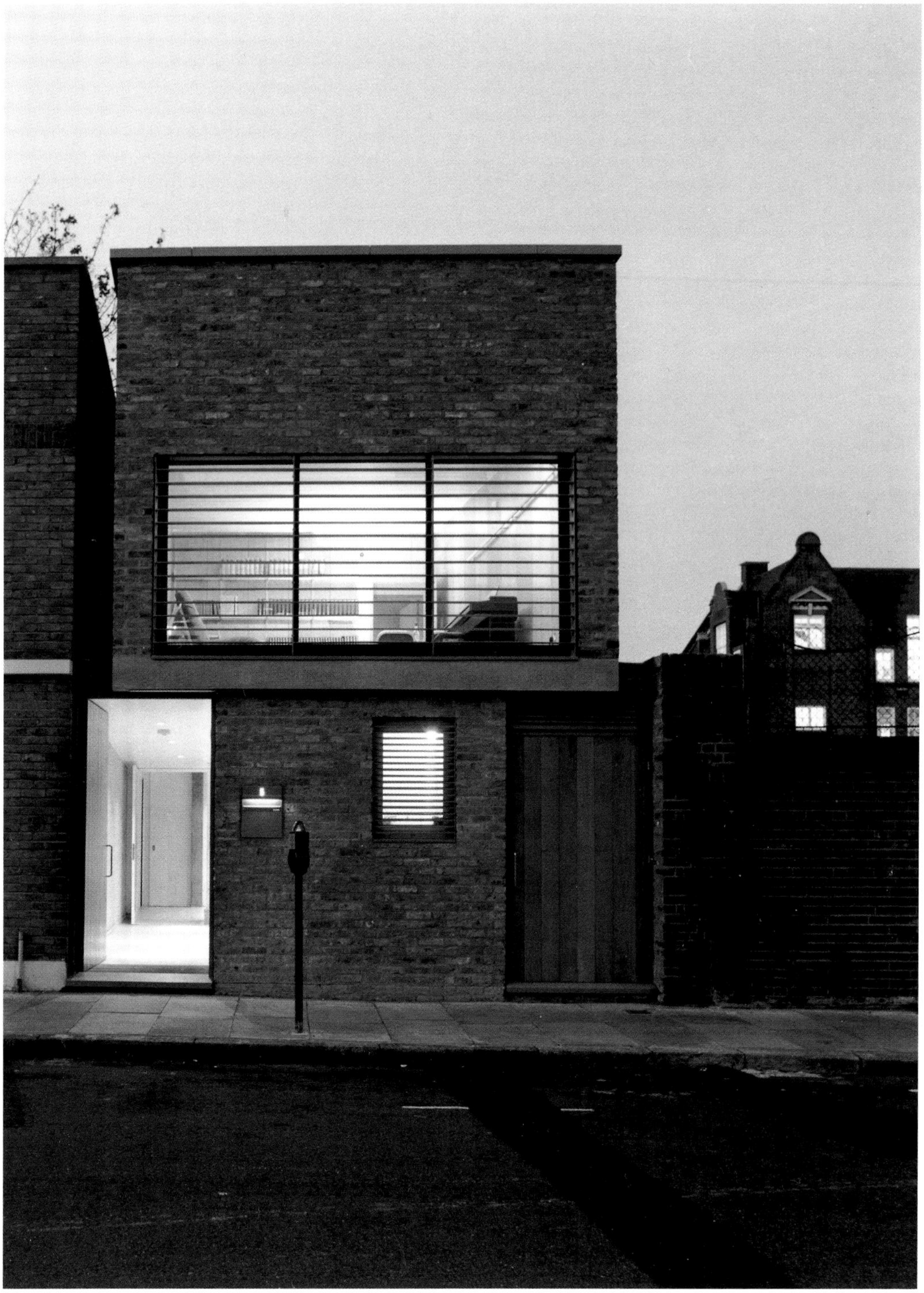

5, Smithy Street

Inaugural Address (June 30, 1995) by David Panton, President ACME

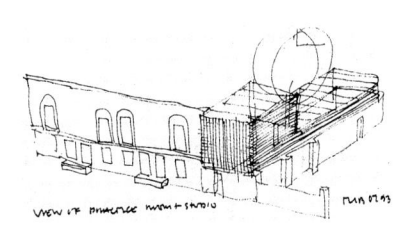

Good evening, Your Excellency, Ladies and Gentlemen, »Grüezi«

On behalf of ACME Housing Association may I be the first to welcome you here on this beautiful evening to the opening and presentation of these brand new artists' studios. In a moment the architect Robert Barnes will say a few words about the commission, design and realisation of this project, to be followed by the London Mozart Players performing the Mozart quartet for flute, after which Dr. Hugo Bütler will address you on behalf of the Foundation, and outline the rest of the evening's programme. It is very pleasing to see so many people here from both countries involved, from cultural, diplomatic, press circles and very importantly, the building team! Also from the local community, to witness this important ground-breaking event, to appreciate this outcome of the Zuger Kulturstiftung's patronage in the arts, and assess the importance of the long-standing partnership between a Swiss cultural foundation and a London artists charity, especially within the East London context.

ACME, as most of you know, is a non-profit London based organisation dedicated to the provision of cheap studio space and accommodation to fine artists, and our main efforts over the last twenty years have been on the one hand through the recycling and conversion of obsolete industrial space, and on the other through the utilisation of municipal short life houses to provide many hundreds of artists with good studio space.

Our current and future aim is to grasp the challenge of exchanging leasehold for permanent property within which to revisit our original idea to create combined working and living studios at a price affordable to all artists. We also have made our expertise available to others through our advisory activities to individual artists, groups, and other organisations.

You should know that since the Swiss initiative a number of other cultural foundations, from Austria, Australia and Germany, have come to us to coordinate similar programmes in London.

It is now almost 10 years since we were first contacted by the Zuger Foundation who wished to initiate a London based annual stipend for a visual artist, and following the director Heinz Hertach's initial visit we worked out the bones of an agency agreement between the two organisations.

At the beginning it was clear that the best investment was for the Swiss Foundation to purchase an apartment, and to lease a large studio from ACME. Consequently the first artist, Mr Rolf Winnewisser found himself living in comparative luxury at number 1 Smithy Street, and commuting by bus, and later by bicycle along the canal towpath to our studios at Carpenters Road, in East London industrial heartland.

101–107
Carpenters Road
Stratford
London E15 2DU.

121 ACME studios,
66,000 square feet.

Since then the Foundation has wished to gradually broaden the scope of the London cultural stipends, and ACME, on its behalf, has negotiated a further three houses in the Terrace, which now accommodate writers, critics, photographers and musicians. (Musicians are difficult – Roland Dahinden's post-modern trombone playing in the early hours played havoc with neighbourly relations.)

From the outset it became apparent that through Heinz Hertach we could see the seriousness of the Swiss Foundation's understanding of and attitude to artists in their endeavour to provide them with a rewarding experience in working abroad.

I think it has been crucial to the partnership, now eight years old, that ACME has had the benefit of the long term commitment of Heinz Hertach and I would particularly like to thank him at this point for all he has done both on behalf of artists, and in making our job easier.

Lucky ACME!

Besides the management of the property for the Zuger Kulturstiftung, we have always felt it crucial that ACME has a good and useful relationship with the visiting artists, and we have ensured that they all have felt welcomed, and supported in order to maximise the benefit of their stay in London. We have introduced them to other artists, located and resourced various material requirements, and initiated them into the complex web of East London society – coded language for the occasional pubcrawl!

Lucky me!

30. Juni 1995
Einweihung des Ateliergebäudes

The London Mozart Players

Erste Reihe: Dr. Hugo Bütler,
Präsident der Stiftung, und
seine Gemahlin
Zweite Reihe: David Panton,
Präsident von ACME

Erste Reihe, links: Dr. David
Streiff, Direktor Bundesamt für
Kultur, sowie der Schweizer
Botschafter François
Nordmann mit Gemahlin

Which brings us to this workspace project –

Arising out of the Foundation's wish to provide all of the stipendiary artists with good and appropriate workspace accommodation, we were given the job of negociating the purchase of part of the next door school's playground, and to come up with a suitable specification to interpret the needs of a plastic artist, a writer, a musician and a photographer.

ACME has, together with the Foundation, been delighted to commission the design concept of the architect Robert Barnes, with whom we have worked before, and who has designed previous studios for artists. Working from this brief, and on a tiny site, Robert has created a marvellous sequence of spaces, incorporating innovative design with high quality materials and craftsmanship to produce a stunning yet purposeful complex, which neatly dovetails with the artists houses next door. The result as you can see has resulted in what must be the perfect artist/studio arrangement.

Lucky artists!

I have, together with Robert, in this extraordinary experience of translating the Foundation's exacting requirements into a building been deeply impressed by the Foundation's fundamental imperative to do the job properly in order to provide the best environment. They have allowed full scope in the design and insisted on the best materials. In all our experience of building this is the first time that the client does not cut but keeps making additions to the original budget!

Lucky architect!

On a final point I would just like you to reflect for a moment on this locality – Tower Hamlets in East London. Located on the banks of the Thames it has witnessed centuries of waves of immigrant workers from different quarters of the globe who have settled and thrived in its grubby but vital streets, and who have created their own distinctive communities. In very recent years it has received yet another wandering tribe, cultural nomads in the form of artists, searching for cheap studios, who similarly have put down strong roots.

We all well know that now it is a truism spoken in every article about art in London that there are more artists concentrated in East London than in any other city in Europe.

The Swiss artists are part of this phenomenon and have made the vital commitment of permanency.

Lucky Tower Hamlets!

In closing, I would like to particularly thank everyone from the Zuger Kulturstiftung who continue to provide such tangible evidence of their support for the arts, all members of the building team for doing such an excellent job, all the resident Swiss artists for opening their houses to view and of course you all for being here tonight.

»Danke«.

25 Jahre Zuger Kulturstiftung Landis & Gyr

Von Heinz A. Hertach

Tätigkeit der Stiftung

Die Stiftung wurde 1971 aus Anlass des 75jährigen Bestehens des Landis & Gyr Konzerns durch die Familie Gyr und das Zuger Stammhaus des Konzerns in Zug mit einer Dotation von 7,5 Millionen Franken gegründet. 1980 wurde das Kapital der Stiftung durch beide Partner auf 10 Millionen Franken erhöht. 1985 hat die Familie Gyr das Kapital im Andenken an Gottfried Straub und Frieda Gyr-Schlüter auf 20 Millionen Franken aufgestockt. 1987 wurde das Stiftungskapital auf Anregung von Dr. Andreas C. Brunner-Gyr durch die Familien Brunner, Mijnssen und Straub auf 40 Millionen Franken verdoppelt. 1996 wurde das Kapital durch die Familien Brunner, Mijnssen und Straub aus Anlass des 25jährigen Bestehens der Stiftung auf 50 Millionen Franken erhöht.

Die Zuger Kulturstiftung Landis & Gyr fördert seit nunmehr 25 Jahren Kunst und Wissenschaft, aber auch den nationalen und internationalen Kulturaustausch, seit 1989 vor allem mit den Ländern Mitteleuropas. Gegenwärtig umfasst das Förderungsspektrum hauptsächlich folgende Bereiche: bildende Kunst, Musik und Musikerziehung, Literatur, Tanz, Theater, Film, Jugendarbeit und Soziokulturelles, Kulturaustausch und Kulturvermittlung, Natur-, Heimatschutz und Denkmalpflege, Wissenschaft und Technik sowie, in geringem Umfang, Soziales, vor allem interdisziplinäre Arbeiten zu aktuellen Problemen. Die Stiftung hat in den 25 Jahren ihres Bestehens 28 Millionen Franken für die Förderung von Kultur und Wissenschaft eingesetzt.

Ein besonderes Anliegen der Stiftung ist die Förderung der Kulturschaffenden durch die Bereitstellung günstiger Arbeitsbedingungen. So hat die Stiftung vor 10 Jahren be-

Andreas und Elisabeth Brunner-Gyr (links)
mit Sir Karl und Lady Popper. 1981

Gottfried und Ruth Straub-Gyr (links)
mit Minister Dr. Jakob Burckhardt
und Frieda Gyr-Schlüter. 1977

schlossen, in einem anderen Lebens- und Kulturraum Wohn- und Arbeitsmöglichkeiten für Schweizer Künstler zu schaffen. Die Stiftung hat sich damals für London entschieden, weil diese Stadt seit je ein sehr reiches Musik- und Theaterleben hat, in den vergangenen drei Jahrzehnten aber auch zu einem wichtigen Zentrum für die zeitgenössische bildende Kunst und Architektur geworden ist. In Betracht gezogen wurde auch die Tatsache, dass für Schweizer Künstler verschiedene Möglichkeiten für Stipendienaufenthalte in Deutschland, Frankreich, Italien, Österreich und den USA bestehen, bisher jedoch noch nicht in Grossbritannien.

Dank der Hilfe der ACME Housing Association, einer gemeinnützigen Organisation, die Kulturschaffenden in Ostlondon billige Arbeits- und Wohnräume zur Verfügung stellt, konnte die Stiftung, nachdem verschiedene Möglichkeiten evaluiert worden waren, 1987 das Haus Nr. 2 an der Smithy Street in Whitechapel/Stepney (London East 1) erwerben und den ersten Maler – ausgestattet mit einem Barstipendium – nach London einladen. Von ACME wurde ein grosses Atelier im ehemaligen Yardley-Gebäude an der Carpenters Road gemietet. Danach sind 1988 überraschend Haus Nr. 1, 1989 Haus Nr. 3 an der Smithy Street auf den Markt gekommen. Die Stiftung konnte beide Häuser erwerben. 1992 war es möglich, auch das letzte Haus in diesem Block, Nr. 4, zu kaufen. 1994 schliesslich konnte die Stiftung von der Gemeinde Tower Hamlets ein neben ihren Häusern brachliegendes Grundstück erwerben, um darauf Arbeitsräume für die Londoner Stipendiaten der Stiftung zu schaffen. Ein junger Londoner Architekt, Robert Barnes, hat einen Bau entworfen, der das Malatelier enthält. Daneben gibt es in diesem Haus im Erdgeschoss eine Dunkelkammer und eine kleine Küche, im ersten Stock einen Musikraum und ein Studierzimmer. Die Stiftung verfügt nun in London über ein kleines Kulturzentrum, das Schweizer Kulturschaffenden optimale Wohn- und Arbeitsmöglichkeiten bietet.

Ruth und Gottfried Straub-Gyr (links)
mit Frau Gehr, dem Maler Ferdinand Gehr sowie
Bundesrat Dr. Hans Hürlimann und Gemahlin. 1976

Suzanne Mijnssen-Gyr und
Frieda Gyr-Schlüter. 1976

Bis Mitte 1996 konnte die Stiftung Werkjahre bzw. Werksemester in London an 12 Maler und Objektkünstler, 8 Schriftsteller, 7 Kunstkritiker, 6 Photographen, 1 Musiker und 1 Filmschaffenden verleihen. Diese Londoner Aufenthalte sind sehr beliebt. Um die Benützung der vier Häuser und die damit verbundenen Stipendien bewerben sich jährlich rund 200 Personen aus allen Teilen der Schweiz.

Die Londoner Werkjahre sind eine wichtige, aber nicht die einzige Schwerpunkt-Tätigkeit der Zuger Kulturstiftung Landis & Gyr.

Mit ihrem Engagement beim Aufbau des Collegiums Budapest, dem ersten nach dem Modell von Princeton realisierten »Institute for Advanced Study« in Osteuropa (an dem jeweils 20 Professoren aus Ost und West während eines Jahres in Budapest zusammenleben und arbeiten) leistet die Zuger Kulturstiftung Landis & Gyr einen Beitrag an die Zusammenführung der Länder Mitteleuropas mit der Gesellschaft Westeuropas. Die Entwicklung in Mittel- und Osteuropa ruft nach einer engen partnerschaftlichen Zusammenarbeit, nicht nur im Bereiche der Wirtschaft, sondern ganz besonders in Kultur und Wissenschaft. Eine solche Politik von gesamteuropäischer Perspektive muss auch aus westlichem Interesse auf eine Stärkung der jeweiligen lokalen Strukturen ausgerichtet sein.

Überzeugt davon, dass ein harmonisches Zusammenwachsen Europas eine vordringliche Aufgabe unserer Zeit darstellt, hat sich unsere Stiftung auch an der Gründung des »New Europe College« in Bukarest beteiligt. 10 junge rumänische Wissenschaftler erhalten dort die Möglichkeit, unter westlichen Bedingungen und in engem Kontakt zu westeuropäischen Forschungsinstituten zu arbeiten. Schliesslich prüft die Stiftung derzeit – als weitere Massnahme zur Stärkung des Kulturaustausches zwischen Mittel- und Westeuropa – Möglichkeiten für die Schaffung eines kleinen Kulturzentrums in Prag.

Die Zuger Kulturstiftung Landis & Gyr hat ein breites Aktionsfeld auch in der Schweiz. In den Bereichen bildende Kunst, Musik, Theater und Tanz besteht eine Zusammenarbeit mit ausgewählten schweizerischen Institutionen, z.B. den Internationalen Musikfestwochen Luzern, dem Stadttheater Luzern, dem Schauspielhaus Zürich, dem Opernhaus Zürich, dem Kunsthaus Zug, der Theater- und Musikgesellschaft Zug. Die Stiftung ermöglicht diesen Institutionen durch ihre Beiträge die Realisierung von Projekten, die vorzugsweise einen Bezug zum Schaffen unseres Jahrhunderts haben.

Ein weiterer Schwerpunkt der Stiftungstätigkeit ist die Filmförderung. Dabei werden sowohl Produktionsbeiträge an Schweizer Filme gewährt als auch schweizerische Filmfestivals unterstützt, dies mit dem Ziel, Filmschaffende und Kritiker aus den Ländern der Dritten Welt sowie Mittel- und Osteuropas in die Schweiz einladen zu können. Der Philosophie verpflichtet, das gegenseitige Kennenlernen und den Austausch zwischen schweizerischen und mittel-/osteuropäischen Künstlern zu fördern, gehen zweckbestimmte Beiträge regelmässig auch an das Davoser Musikfestival »Young Artists in Concert« sowie an die Solothurner Literaturtage.

Zwei mit je Fr. 100 000 ausgestattete Förderpreise gehen in Bereiche, die im Rahmen der öffentlichen Förderung eher am Rande liegen. Der Interkulturelle Förderpreis will auf die wachsenden Probleme im Zusammenhang mit der weltweiten Migration und der fortschreitenden Zerstörung unserer Umwelt aufmerksam machen. Mit dem Zurlauben-Literaturpreis werden ausserordentliche Leistungen im Umfeld der Leseförderung ausgezeichnet. Preisträger des Zurlaubenpreises waren bisher der Ammann-Verlag in Zürich und die Literaturredaktion von Radio DRS 2.

Die Stiftung will in all ihren Tätigkeitsgebieten Impulse vermitteln und mithelfen, dass neue Ideen ein Forum finden, auf dem sie erprobt und diskutiert werden können. Sie ist überdies bestrebt, zur Erhaltung und Pflege des kulturellen Erbes beizutragen. In jedem Tätigkeitsgebiet werden Schwerpunkte bestimmt, für deren Realisierung grössere Beträge eingesetzt werden können. Diese Schwerpunktprogramme werden periodisch überprüft. Damit setzt die Stiftung in ihrer Förderungspraxis auch immer wieder neue Schwerpunkte. Sie regt Projekte an und fördert sie für begrenzte Zeit. Sie verzichtet auf 'automatische' Fortsetzungen oder redimensioniert die Unterstützung angelaufener Projekte, die selbständig werden sollen. Auf diese Weise sichert sie sich eine Flexibilität, die ihr erlaubt, in einer rasch sich wandelnden Welt frühzeitig auf neu entstehende Bedürfnisse einzutreten.

Bestand die Tätigkeit der Stiftung in den ersten Jahren vor allem darin, von aussen an sie herangetragene Projekte mitzufinanzieren, so ist sie in den letzten Jahren dazu übergegangen, vor allem eigene Initiativen zu ergreifen und eigene Projekte zu realisieren. Dieser Eigeninitiative wird künftig noch erhöhte Bedeutung zukommen.

In besonderen Fällen gewährt die Stiftung Beiträge auch ausserhalb ihrer Schwerpunktprogramme. So greift sie z.B. ein, wenn von ihr als kulturell oder wissenschaftlich wichtig erachtete grössere Projekte oder Aktionen an einer fehlenden Restfinanzierung zu scheitern drohen.

Eine besondere Verpflichtung verbindet die Stiftung mit Stadt und Kanton Zug sowie mit der Region Innerschweiz insgesamt. Die Stiftung misst dem dichten und bunten Gewebe lokaler und regionaler Veranstaltungen, Projekte und Unternehmungen eine wichtige sozio-kulturelle Bedeutung zu. Sie bekennt sich deshalb ausdrücklich zu ihrer regionalen Förderungsaufgabe. Das heisst aber nicht, dass die Stiftung viele kleine Beiträge nach allen Seiten gewährt, denn das Giesskannenprinzip ist der Entstehung und Pflege von Neuem kaum förderlich. Die Stiftung verfolgt vielmehr auch im lokalen und regionalen Bereich eine selektive, an Qualitätsmassstäben orientierte Förderungspolitik.

Die benachbarten Städte mit kulturellen Zentrumsfunktionen, von denen grosse Einzugsgebiete profitieren, ohne – oder im besten Falle symbolische – Beiträge zu deren Finanzierung zu leisten, bekunden zunehmend Mühe, ihre Aufgaben mit den ihnen zur Verfügung stehenden Mitteln zu erfüllen. Die Zuger Kulturstiftung Landis & Gyr betrachtet es als eine ihrer weiteren Aufgaben, auch hier mitzuhelfen, dass ein breites kulturelles Angebot auf hohem Niveau aufrechterhalten werden kann.

Gründung und Name

1971   in Zug unter dem Namen Stiftung Landis & Gyr gegründet.
1991   in Zuger Kulturstiftung Landis & Gyr umbenannt.

Zweck

Unterstützung und Förderung des wissenschaftlichen, karitativen und kulturellen Lebens.

Kapital

1971   Gründung durch die Landis & Gyr Holding AG und die Landis & Gyr AG mit einem Kapital von 7,5 Millionen Franken.
1980   Erhöhung des Stiftungskapitals auf 10 Millionen Franken durch die Landis & Gyr AG und die Landis & Gyr Holding AG.
1985   Erhöhung des Stiftungskapitals auf 20 Millionen Franken durch die Familie Gyr im Andenken an Frieda Gyr-Schlüter sowie Gottfried und Ruth Straub-Gyr.
1987   Erhöhung des Stiftungskapitals auf 40 Millionen Franken auf Anregung von Andreas C. Brunner-Gyr durch die Familien Brunner, Mijnssen und Straub.
1996   Erhöhung des Stiftungskapitals auf 50 Millionen Franken durch die Familien Brunner, Mijnssen und Straub aus Anlass des 25jährigen Bestehens der Stiftung.

Gottfried Straub (rechts), Präsident der Stiftung 1971–1985, im Gespräch mit Aurelio Peccei, Begründer des Club of Rome; im Hintergrund (Mitte) Fritz Wartenweiler, Nestor der Schweizerischen Erwachsenenbildung. 1982

Andreas C. Brunner-Gyr (rechts), Vizepräsident der Stiftung 1971–1988, mit Klaus Urner, Träger des Förderungspreises für Geschichte. 1977

Organe der Stiftung

Stiftungsrat

Gottfried Straub, Präsident †	1971–1985
Dr. Hugo Bütler, Präsident	seit 1986
Dr. Andreas C. Brunner-Gyr, Vizepräsident †	1971–1988
Leo Hafner, Vizepräsident	1989–1994
Prof. Dr. Iso Camartin, Vizepräsident	seit 1995
Suzanne Mijnssen-Gyr	seit 1971
Edith Straub-Plattner	1986–1989
Dr. Ursula Brunner	seit 1989
Ernst Mühlemann	1971–1982
Markus Knobel	1981–1990
Leo Hafner	1988–1994
Prof. Dr. Iso Camartin	seit 1989
Ulrich Straub	seit 1989
Dr. Georg Krneta	seit 1990
Prof. Dr. Peter von Matt	seit 1990
Matthias Bamert	seit 1994

Beratende Kommission

Prof. Dr. Konrad Akert	1971–1986
Max Kamer	1971–1982
Paul Gerber	1971–1982
Leo Hafner	1980–1987
Fanny Notz †	1983–1990
Prof. Dr. Peter von Matt	1987–1990
Dr. Hans-Jörg Heusser	seit 1989
Dr. Jürg Scheuzger	seit 1990
Dr. David Streiff	1991–1994
Dr. Paul Baumann	seit 1994

Geschäftsführer

Heinz A. Hertach	seit 1971

Ausgaben der Stiftung
1971/72 bis 1995/96
(in Franken)

1971/72	170 000
1972/73	210 000
1973/74	270 000
1974/75	340 000
1975/76	330 000
1976/77	530 000
1977/78	480 000
1978/79	300 000
1979/80	410 000
1980/81	500 000
1981/82	530 000
1982/83	420 000
1983/84	550 000
1984/85	610 000
1985/86	660 000
1986/87	970 000
1987/88	1 340 000
1988/89	1 760 000
1989/90	1 880 000
1990/91	2 240 000
1991/92	1 760 000
1992/93	2 420 000
1993/94	2 970 000
1994/95	3 400 000
1995/96	2 950 000
TOTAL	28 000 000

**Aufteilung der Ausgaben
nach Bereichen**
(in Franken)

Gemeinnützige Institutionen und Sozialwerke	1 500 000
Wissenschaft und Technik	2 600 000
Bildende Kunst	1 500 000
Stipendien und Werkjahre	1 800 000
Ankäufe von Kunstwerken	1 700 000
Musik und Musikerziehung	3 400 000
Literatur, Tanz, Theater	3 200 000
Film	1 800 000
Jugendarbeit und Soziokulturelles	1 500 000
Kulturaustausch und Kulturvermittlung	2 000 000
Natur-, Heimatschutz und Denkmalpflege	1 600 000
Baubeiträge Casino Zug, Konzerthaus Luzern	2 700 000
Investitionen in Wohnungen und Atelier London	1 500 000
Diverses	1 200 000
TOTAL	28 000 000